BASISWISSEN FIT IM JOB

EINSTELLUNGS-GESPRÄCHE

TIM HIN

DORLING KINDERSLEY

DORLING KINDERSLEY

Projektbetreuung Sasha Heseltine
Redaktion Marian Broderick
Gestaltung Elaine C. Monaghan, Austin Barlow
Redaktionsassistenz Felicity Crowe
Designassistenz Laura Watson
DTP-Design Jason Little
Herstellung Silvia La Greca

Reihenbetreuung Jane Simmonds
Reihenbildbetreuung Jayne Jones

Cheflektorat Stephanie Jackson
Chefbildlektorat Nigel Duffield

Die Deutsche Bibliothek – CIP-Einheitsaufnahme
Ein Titeldatensatz für diese Publikation ist bei Der Deutschen Bibliothek erhältlich.

Titel der englischen Originalausgabe:
Interviewing Skills

Übersetzung Erwin Peters, Helmut Reuter und Wolfgang Rhiel für Redaktionsbüro Dr. Karl-Heinz Ludwig, München
Redaktion Brigitte Maier, Text & Konzept, München
Satz Wolfgang Lehner, München

ISBN 3-8310-0346-7

Printed in Hong Kong by Wing King Tong

Besuchen Sie uns im Internet
www.dk.com

INHALT

GESPRÄCHE VORBEREITEN

Gespräche führen

Gespräche auswerten

Einleitung

Ob es zu Ihrer Haupttätigkeit gehört oder nur gelegentlich Ihre Aufgabe ist – ein Einstellungsgespräch kann eine schwierige und zeitaufwendige Angelegenheit sein, die sorgfältige Überlegung und Planung verlangt. Dieses Buch unterstützt Sie dabei, eine Strategie zu entwerfen, um viele Probleme bereits im Vorfeld auszuräumen und immer den besten Bewerber einzustellen. Klare Informationen verhelfen Ihnen in jedem Stadium zu durchdachtem Handeln, von den Stellenanforderungen über die Anzeige bis zum konkreten Einstellungsgespräch. Konkrete Hinweise ermöglichen Ihnen, die Eignung eines Bewerbers zu beurteilen und den weiteren Prozess durchzuführen. Dieses Buch bietet außerdem 101 Tipps, die wichtige Information auf einen Blick liefern – und einen Test zur Selbsteinschätzung.

GESPRÄCHE VORBEREITEN

Ein Einstellungsgespräch dauert selten länger als eine Stunde, seine Folgen können jedoch Jahre nachwirken. Bereiten Sie sich gut vor, damit Sie den geeignetsten Bewerber auswählen.

ZIELE BESTIMMEN

Ein Einstellungsgespräch ist eine Methode zum Austausch von Information. Der Gesprächsleiter muss sich über den Zweck des Austausches im Klaren sein, damit beide Seiten entscheidende und aussagefähige Informationen geben und bekommen.

1 **Bewerten Sie jede freie Stelle, bevor Sie sie ausschreiben.**

DEN ZWECK DEFINIEREN

Die Einstellung neuer Mitarbeiter ist eine der wichtigsten Aufgaben für einen Manager. Das direkte Gespräch mit den Bewerbern bietet die beste Gelegenheit, die richtige Person zu finden.

Denken Sie bei der Vorbereitung für ein Einstellungsgespräch daran, dass es darum geht, zwei Seiten zusammenzubringen. Sie müssen also nicht nur die Bewerber beurteilen, sondern auch die Stelle beschreiben, damit die Kandidaten beurteilen können, ob sie für sie richtig ist. Außerdem sollten Sie Ihr Unternehmen im besten Licht darstellen, damit gute Leute sich angezogen fühlen.

2 **Nehmen Sie neue Leute, nicht »einen von uns«.**

3 **Machen Sie sich ein Bild vom idealen Bewerber.**

4 Überdenken Sie jeden Arbeitsplatz in Ihrem Team, wenn eine Stelle frei wird.

FREIE STELLE BEWERTEN

Bevor ein Arbeitgeber sich um einen geeigneten Bewerber für eine Stelle bemühen kann, muss er die Anforderungen festlegen, die diese stellt.

Beginnen Sie mit den vorhandenen Stellenbeschreibungen. Überlegen Sie, ob sich der Arbeitsplatz mit der Zeit geändert hat, etwa durch die Einführung neuer Technologien. Verlangt er heute andere Voraussetzungen? Erkundigen Sie sich nach dem früheren Stelleninhaber. War er für die Stelle ideal oder kann man etwas verbessern? Sollte der neue Mitarbeiter ähnlich qualifiziert sein?

ARBEITSUMFELD PRÜFEN

Wer ein Einstellungsgespräch führt, muss prüfen, wie eine Stelle zu den Aufgaben anderer Mitarbeiter passt. Wie fügt sie sich in die Firmenhierarchie ein, und welche Rolle spielt sie im bestehenden Team oder in der Abteilung? Wem ist der neue Mitarbeiter unterstellt, wer ist ihm unterstellt?

Denken Sie daran, dass in einem Unternehmen normalerweise Platz für Flexibilität ist. Überlegen Sie z. B., ob der Einsatz einer neuen Technologie es zuließe, die neue Stelle einem jüngeren Mitarbeiter anzuvertrauen.

▼ **INFORMATIONEN SAMMELN**

Besprechen Sie die Stellenanforderungen mit dem jetzigen Stelleninhaber und seinen Arbeitskollegen. Das kann zur Neuverteilung sämtlicher Verantwortungsbereiche sowie zu einer Neubewertung der Anforderungen an einen künftigen Mitarbeiter führen.

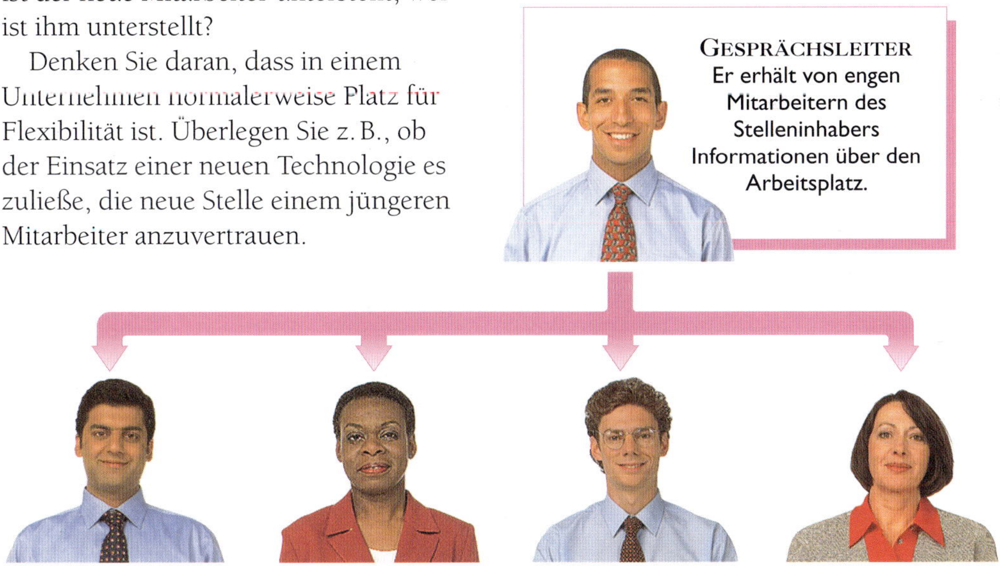

EINE ROLLE BEWERTEN

Eine neue Stelle bietet Gelegenheit, sich den Arbeitsplatz genau anzusehen, um seine Rolle im Unternehmen zu bewerten. Nehmen Sie sich Zeit, spezielle Änderungen zu prüfen, die den Arbeitsplatz für das Unternehmen noch wertvoller machen könnten.

Beginnen Sie mit den Unternehmenszielen. Hat es dort irgendwelche Richtungsänderungen gegeben, und hat sich der Arbeitsplatz ihnen angepasst? Fragen Sie andere Abteilungen, welche Erwartungen sie an den Arbeitsplatz hatten und ob sie erfüllt wurden.

Welche Kenntnisse und Fähigkeiten braucht der Arbeitsplatz Ihrer Meinung nach? Können Sie mit der Neueinstellung neue Kenntnisse oder Fähigkeiten in das Unternehmen holen? Denken Sie auch an brauchbare kommunikative Fähigkeiten.

5 **Nutzen Sie eine freie Stelle, um den Arbeitsplatz genau zu beleuchten.**

6 **Prüfen Sie, ob sich die Anforderungen für die Stelle geändert haben.**

NICHT VERGESSEN

- Nicht jede freie Stelle muss neu besetzt werden.
- Änderungen in Unternehmen erfolgen so schnell, dass die Notwendigkeit für einen Arbeitsplatz vielleicht nur kurz besteht.
- Die beste Informationsquelle für einen Arbeitsplatz kann der alte Stelleninhaber sein.
- Eine freie Stelle kann Gelegenheit bieten, Verantwortlichkeiten neu zu regeln.
- Gegenwärtig nicht wahrgenommene Aufgaben können einer neuen Stellenbeschreibung hinzugefügt werden.
- Zwei Mitarbeiter, die sich eine Stelle teilen, können produktiver sein als einer allein.

▼ ROLLE NEU DEFINIEREN

Das Beispiel beleuchtet, wie Informationstechnologie die Rolle der Bibliothekarin beeinflusst hat. Die Arbeit wurde von der bisherigen Stelleninhaberin sehr gut erledigt, der neue Bewerber mit seinen IT-Kenntnissen erweitert den Arbeitsbereich jedoch zum Nutzen des Unternehmens.

FALLBEISPIEL

30 Jahre hatte Thelma die Firmenbibliothek geleitet. Inzwischen war sie jedoch unglücklich darüber, wie sich ihr Beruf gewandelt hatte. Sie war sehr gut an der Schreibmaschine, hatte sich jedoch nie an den Computer gewöhnt und auch nicht an das zunehmende Arbeitstempo. Sie hielt es für an der Zeit aufzuhören.

Oliver, ein ehrgeiziger junger Mitarbeiter aus der Abteilung Computerwartung, bewarb sich um Thelmas Stelle. Er führte an, die Firma brauche einen EDV-erfahrenen »Wissensmanager« – keine Bibliothekarin. Die Firma müsse Zugang zu den Buchregalen, aber auch zum Internet haben. Sie müsse außerdem die Informationen verschiedener Firmenabteilungen zusammenführen und allen Mitarbeitern jederzeit zugänglich machen.

Dem Firmenchef leuchteten Olivers Argumente ein und er gab ihm die Stelle. Oliver weitete die Stelle zum Infocenter aus.

BEDINGUNGEN BEDENKEN

Wenn eine Stelle vakant ist, überlegen Sie, ob Sie sie genauso wiederbesetzen wollen. Ist ein Teil der Aufgaben weggefallen, etwa durch Strukturveränderungen, sollten Sie vielleicht eine Teilzeitkraft einstellen. Teilen Sie den Arbeitsplatz, wenn die Stelle verschiedene Qualifikationen erfordert oder ein Mitarbeiter nur noch halbtags arbeiten möchte. Ist es eine Saisonarbeit, vergeben Sie den Auftrag. Prüfen Sie die finanzielle Seite: Kann ein teurer Mitarbeiter durch zwei jüngere ersetzt werden oder umgekehrt?

7 Bieten Sie – wenn möglich – flexible Arbeitszeiten an.

ARBEITSPLATZ TEILEN ▶
Teilen Mitarbeiter einen Arbeitsplatz und benutzen ihn zu verschiedenen Zeiten, müssen sie sich regelmäßig zur Übergabe treffen. Auch Kunden können durch zwei Mitarbeiter betreut werden.

NEUER STATUS FÜR DEN ARBEITSPLATZ

ÄNDERUNG	GRÜNDE FÜR ÄNDERUNG
AUF-/ABWERTUNG DER STELLE Führungskräfte sind teuer, können eine Rolle jedoch effektiver ausfüllen. Untere Angestellte erledigen Routinearbeiten.	• Knappe Mittel erzwingen eine Überprüfung der Personalkosten und führen zu Entlassungen auf allen Ebenen. • Veränderte Verantwortung erfordert eine andere Mitarbeiterebene.
TEILZEITARBEIT Angestellte arbeiten nur an bestimmten Wochentagen oder zu vereinbarten Zeiten.	• Stelleninhaber nennt Langeweile als Grund für Weggang, da die Arbeit nicht für einen Ganztagsjob reicht. • Aufgaben sind weggefallen oder wurden anderen Mitarbeitern zugewiesen.
ARBEITSPLATZTEILUNG Zwei Mitarbeiter sind gemeinsam für eine Aufgabe oder das Erreichen eines Ziels verantwortlich.	• Ein geschätzter Mitarbeiter kann nicht mehr ganztags arbeiten, möchte aber in der Firma bleiben. • Niemand in der Firma besitzt alle für die Stelle erforderlichen Kenntnisse.
FREIBERUFLER Ein freier Mitarbeiter oder Auftragnehmer ist selbstständig. Er verursacht geringe Gemeinkosten.	• Erwartete Umstrukturierung bedeutet, dass die Stelle wahrscheinlich geändert oder abgeschafft wird. • Die Stelle wird nur für eine begrenzte Zeit gebraucht und eignet sich deshalb nicht als Ganztagsarbeit.

STELLENANFORDERUNGEN FESTLEGEN

Sobald die Stellenanforderungen feststehen, sollten die Aufgaben der Position in einer Stellenbeschreibung festgehalten werden. Danach werden Qualifikation, Erfahrung und der erforderliche Personentyp in einem Anforderungsprofil erfasst.

8 Spielen Sie schwierige Aspekte in der Stellenbeschreibung nicht herunter.

VERANTWORTUNG DEFINIEREN

Eine genaue Arbeitsplatzbeschreibung stellt sicher, dass bei der Ausschreibung der Stelle die richtigen Informationen gegeben werden. Nur das führt letztlich zu einer befriedigenden Ernennung und verhindert Missverständnisse.

Nennen Sie in einer Beschreibung Berufsbezeichnung und hierarchische Stellung. Geben Sie bei größeren Verantwortungsbereichen präzise an, was vom Mitarbeiter erwartet wird. Machen Sie sich klar, was der Stelleninhaber genau macht.

9 Prüfen Sie die Gehälter ähnlicher Positionen in anderen Unternehmen.

▼ **GENAU BEWERTEN**
Bitten Sie den jetzigen Stelleninhaber, bei der Neubestimmung des Arbeitsplatzes zu helfen und ehrlich alle Nachteile zu nennen. Besprechen Sie gemeinsam die Beschreibung.

STELLENBESCHREIBUNG

Prüfen Sie, ob eine Stellenbeschreibung folgende Punkte enthält:

- Berufsbezeichnung.
- Hierarchische Einordnung.
- Gesamtverantwortung der Stellung, z. B. »Weiterentwicklung der Marketingstrategie des Unternehmens«.
- Auflistung der Hauptaufgaben und -tätigkeiten der Stellung, z. B. »Kundenbetreuung wochentags von 9 bis 17 Uhr«.
- Einzelheiten wie Bezahlung sowie Betriebsbedingungen.

WICHTIGE FRAGEN

F Hat die Stelle eine Berufsbezeichnung, die den Zweck exakt wiedergibt?

F Hat sich das Schwergewicht der Stellung in letzter Zeit geändert?

F Verlangt die Stelle besondere technische Kenntnisse?

F Welches Gehalt sollten Sie anbieten?

F Welche Nebenleistungen gibt es – Zusatzgehälter, Betriebsrente etc.?

F Wie viel Urlaub gibt es? Ist unbezahlter Urlaub möglich?

F Was ist die größte Schwierigkeit bei der Stellung?

F Wird viel Arbeit außerhalb der regulären Arbeitszeit verlangt?

▲ **EIGENSCHAFTEN BESTIMMEN**
Denken Sie bei der Entscheidung über die Befähigung, die Sie vom idealen Bewerber erwarten, an die besonderen Anforderungen der Stellung. Unterteilen Sie die Stellung in mehrere Bereiche und gehen Sie alle durch. Berücksichtigen Sie persönliche Eigenschaften.

FÄHIGKEITEN BESTIMMEN

Sobald Sie eine überarbeitete Stellenbeschreibung erstellt haben, können Sie die Befähigung, Qualifikation, Erfahrung und Eigenschaften benennen, die der Bewerber mitbringen sollte. Das ist das Anforderungsprofil. Seien Sie möglichst präzise: Als Hilfe bei der Beurteilung der Bewerber sollten Sie das angeben, was ideal wäre, aber auch das, was das absolute Minimum ist. Seien Sie realistisch in Ihren Ansprüchen, und halten Sie sich andere Optionen offen. Die Bedingung »Statistikkenntnisse erwünscht« ist vielleicht nicht haltbar. Vielleicht stellen Sie fest, dass die Statistikkenntnisse aller Bewerber unzureichend sind.

10 **Verwenden Sie interessante Berufsbezeichnungen. Das animiert dazu, hineinzuwachsen.**

ERFOLGREICH SUCHEN

Wenn Sie ein Anforderungsprofil erstellt haben, müssen Sie entscheiden, wie Sie Ihren Kandidaten suchen wollen. Die Möglichkeiten reichen von interner Ausschreibung über Zeitungsanzeigen bis zum Einschalten eines »Headhunters«.

11 Laden Sie nur wirklich geeignete Bewerber zum Gespräch ein.

NICHT VERGESSEN

- Das Echo auf Stellenanzeigen in der Presse kann gewaltig sein.
- Headhunter berechnen einen Prozentsatz vom Jahresgehalt desjenigen, den sie anwerben. Je höher das Gehalt, desto intensiver werden sie tätig.
- Ein Einstellungsgespräch kann zeitaufwendig sein. Man sollte daher nicht mit einem Bewerber sprechen, nur weil er ein sympathisches Anschreiben und einen guten Lebenslauf verfasst hat.

INTERNE BEWERBER

Man kann eine Stelle auch dadurch neu besetzen, dass man jemanden ernennt, der bereits an anderer Stelle im Unternehmen arbeitet. Viele Firmen befürworten interne Bewerbungen und einige bestehen sogar darauf, dass jede freie Stelle zuerst intern ausgeschrieben wird.

Ein Einstellungsgespräch mit internen Bewerbern kann einfacher sein, weil die Kandidaten das Unternehmen bereits kennen. Denken Sie jedoch daran, dass sie für eine andere Aufgabe eingestellt worden sind. Eignen sie sich wirklich für diese Stelle? Bedenken Sie auch, dass Bewerber aus dem eigenen Haus die Kosten nicht senken.

ANZEIGEN SCHALTEN

Wo Sie eine Anzeige aufgeben und was darin steht, entscheidet über Art und Zahl der Bewerber und darüber, ob Sie den Richtigen finden. Inserieren Sie in Fachzeitschriften, wenn die ausgeschriebene Arbeit Spezialkenntnisse erfordert. Bei allgemeineren Anforderungen nutzen Sie die regionale und überregionale Presse. Anzeigen können teuer sein, erzielen jedoch meist ein großes Echo. Wenn Ihnen die Zeit fehlt, auf Hunderte von Bewerbungen einzugehen, inserieren Sie in Blättern mit regionaler Verbreitung. Bestimmen Sie, wie groß die Anzeige sein soll und wie oft sie erscheint.

12 Wenn Sie einen idealen Kandidaten kennen, laden Sie ihn ein, sich zu bewerben.

STELLENANZEIGE ENTWERFEN

Entwurf und Wortwahl einer Anzeige haben unmittelbar Einfluss auf die Reaktion. Achten Sie darauf, dass das Layout ins Auge fällt und klar ist – die Größe hängt von Budget und Inhalt ab. Beschreiben Sie die Stelle, und benennen Sie genau die erforderliche Befähigung und Erfahrung, um ungeeignete Bewerber auszuschließen.

Einleitung informiert über Position.

Überschrift weckt Aufmerksamkeit.

Dynamische/r Marketingmanager/in

Die Data Control GmbH, ein aufstrebendes Unternehmen auf dem Computermarkt, sucht eine/n Marketingmanager/in, der/die ein Dreimannteam leitet und direkt dem Geschäftsführer unterstellt ist.

In dieser Position werden Sie Verkaufsförderungsprojekte leiten, sich strikt an das Budget halten und neue Geschäftspläne für sämtliche Belange unserer Marketingstrategie erarbeiten.

Sie haben einen Hochschulabschluss und mindestens fünf Jahre einschlägige Erfahrung, arbeiten teamorientiert und verlieren auch unter Druck nicht die Nerven.

Wir expandieren ständig und bieten gute Aufstiegschancen.

Vollständige Bewerbungsunterlagen schicken Sie bitte an:

Anna Steinhart, Personalleiterin
Data Control GmbH
Industriestraße 17–19
98765 Musterstadt

Wichtige Voraussetzungen eindeutig genannt

Chancen im Unternehmen hervorgehoben

Form der Bewerbung angegeben

13 **Achten Sie darauf, dass Anzeigen immer Korrektur gelesen werden.**

▲ DIE BESTEN ANSPRECHEN

Heben Sie die besten Merkmale der Stellung hervor. Sie haben nur eine Gelegenheit, den perfekten Bewerber auf sich aufmerksam zu machen.

DIE RECHTLICHEN SEITEN DER ANZEIGE

Eine Stellenausschreibung unterliegt rechtlichen Vorschriften, die von Land zu Land unterschiedlich sind. Es gibt Bestimmungen über Verleumdung sowie über die Diskriminierung aufgrund des Geschlechts, der Rasse oder des Alters. In Deutschland müssen Sie die Anzeige für männliche und weibliche Kandidaten formulieren. Wählen Sie Ihre Worte so, dass keine Eigenschaften ausbedungen werden, die mögliche Bewerber wegen Geschlecht, Nationalität, Hautfarbe oder Alter ausschließen. Befragen Sie im Zweifelsfall einen Anwalt. Die für die Anzeigenregeln zuständigen Gremien regulieren das Anzeigenwesen und nehmen Beschwerden entgegen. Die meisten aktuellen Bestimmungen gelten für Anzeigen in Zeitungen, Zeitschriften und im Fernsehen. Aber auch Anzeigen im Internet werden zunehmend kritisch geprüft. Für sie gelten die gleichen Regeln wie für Printprodukte.

14 Bitten Sie um ein Foto, damit Sie jeden Kandidaten vor sich haben.

15 Seien Sie objektiv bei Empfehlungen, den Freund des Kollegen zu nehmen.

UMGANG MIT EMPFEHLUNGEN

Es sind positive und negative Seiten zu berücksichtigen, wenn man persönliche Kontakte nutzt, um eine freie Stelle zu besetzen. Kommt ein Bewerber mit einer Empfehlung von jemandem, dem Sie vertrauen, suggeriert das, dass dessen Fähigkeiten und Erfahrung bis zu einem gewissen Grad praktisch erprobt sind. Außerdem ist er vielleicht durch den Kontakt über die Unternehmenskultur in Ihrer Firma informiert. Andererseits kann es unangenehm sein, persönliche Empfehlungen zurückzuweisen, wenn Ihnen der Kandidat ungeeignet erscheint. Schlägt ein Kollege jemanden vor, prüfen Sie dessen Befähigung objektiv. Seien Sie bereit, die Bewerbung abzulehnen, wenn Sie den Betreffenden für ungeeignet halten.

ARBEITSAMT UND INTERNET

Eine Möglichkeit ist es, die freie Stelle dem Arbeitsamt zu melden. Sie erscheint dann bundesweit im Stelleninformationszentrum (SIS) und kann von Arbeitsuchenden über Bildschirm abgefragt werden. Möglicherweise kommt für die Stelle auch eine Arbeitsbeschaffungsmaßnahme (ABM-Maßnahme) des Arbeitsamts in Frage. Die beste (und preiswerteste) Möglichkeit ist eine Stellenanzeige im Internet. Nutzen Sie die Homepage Ihres Unternehmens, oder setzen Sie sich mit einer der Internet-Jobbörsen in Verbindung, die von immer mehr Menschen angesehen werden.

▲ **KONTAKTLISTEN ERSTELLEN**
Erstellen Sie eine Liste mit nützlichen Kontakten zu Personen, Agenten und Werbeagenturen, auf die Sie bei Einstellungen stoßen. Auf diese Liste können Sie dann immer zurückgreifen.

AGENTUREN EINSCHALTEN

Einstellungen über eine Agentur verringern die zeitaufwendige Arbeit des Sichtens und Beantwortens der Bewerberunterlagen. Das gilt vor allem, wenn Sie mit einem großen Echo rechnen. Gegen eine Gebühr, die je nach Anspruch der freien Stelle schwanken kann, liefert eine Agentur Ihnen eine Auswahlliste, aus der Sie die Endauswahl treffen. Wenn Sie ein Personalbeschaffungsbüro einschalten möchten, achten Sie darauf, dass es auf Ihre speziellen Bedürfnisse eingeht. Wenn Sie eine Spitzenposition zu vergeben haben, können Sie auch einen professionellen Headhunter engagieren.

16 Halten Sie den Fortgang jeder Einstellungsrunde fest, um darauf zurückgreifen zu können.

DIE WAHL DES AUSSCHREIBUNGSVERFAHRENS

VERFAHREN	DAS SOLLTEN SIE BEDENKEN
INTERN Viele Arbeitgeber suchen Bewerber zunächst in den eigenen Reihen.	• Die Bewerber verfügen über Firmenkenntnisse und sind mit der Arbeitsweise vertraut. • Sie können ihren jetzigen Vorgesetzten nach Referenzen fragen.
INSERATE SCHALTEN Inserate in den maßgeblichen Medien können die richtigen Kandidaten erreichen.	• Sie müssen die Resonanz auf Ihre Anzeige bearbeiten bzw. die Bearbeitung delegieren. Vorsicht, wenn die Resonanz sehr groß sein kann. • Die Kosten für Inserate können hoch sein.
EMPFEHLUNGEN Freunde und Kollegen können Kontakte zu möglichen Bewerbern herstellen.	• Kollegen oder Bekannte können Kontakte am Markt haben, die eine gute, informelle Quelle darstellen. • Die Ablehnung eines ungeeigneten Bewerbers kann problematisch werden.
ARBEITSAMT UND INTERNET Die Arbeitsämter freuen sich über Angebote, Jobbörsen im Internet boomen.	• Die Jobbörsen im Internet werden zunehmend genutzt. Allerdings ist diese Quelle nicht allen Arbeitnehmern zugänglich. • Staatliche Stellen können viel Papierkrieg erfordern.
AGENTUREN Agenturen liefern Listen mit einer Auswahl von erstklassigen Bewerbern.	• Agenturen haben Zugang zu den verschiedensten Bewerbern und können ungeeignete Kandidaten aussondern. • Das Einschalten von Agenturen ist auch ein Kostenfaktor.

DIE BEARBEITUNG ORGANISIEREN

Sobald Sie sich für ein oder mehrere Stellenangebotsverfahren entschieden haben, müssen Sie organisieren, wie Sie, Ihre Mitarbeiter oder die Personalabteilung alle Bewerbungen so schnell und effizient wie möglich bearbeiten können.

17 **Stellen Sie Mindestanforderungen, um eine Vorauswahl zu treffen.**

18 **Setzen Sie eine Person für alle telefonischen Anfragen ein.**

VERFAHREN AUSWÄHLEN

Bei der Wahl des geeigneten Bearbeitungsverfahrens sollten Sie einiges bedenken. Müssen Sie z. B. zahlreiche Antragsformulare bearbeiten? Möchten Sie Arbeitsproben der Bewerber sehen, um ihre Befähigung zu testen? Möchten Sie vor oder nach dem Einstellungsgespräch auf Referenzen zurückkommen? Geben Sie in der Anzeige an, ob Sie Arbeitsproben oder Angaben über den Gehaltswunsch erwarten. Gehen Sie so vor, dass Sie die Bewerber gleich in »Einstellungsgespräch«, »Möglich« oder »Absagen« einteilen.

VERFAHREN DURCHFÜHREN

Sobald die Bewerber in drei Gruppen eingeteilt sind, sollte die Bearbeitung der Bewerbungen folgende Schritte enthalten:

- Vorbereiten der standardisierten Absagebriefe – verschicken Sie diese Briefe umgehend.
- Bewerten der aussichtsreichen Kandidaten.
- Erstellen einer endgültigen Liste für Einstellungsgespräche.
- Planen und Festlegen der Einstellungsgespräche.

19 **Beantworten Sie einen Großteil der ungeeigneten Bewerbungen mit Standardabsagen.**

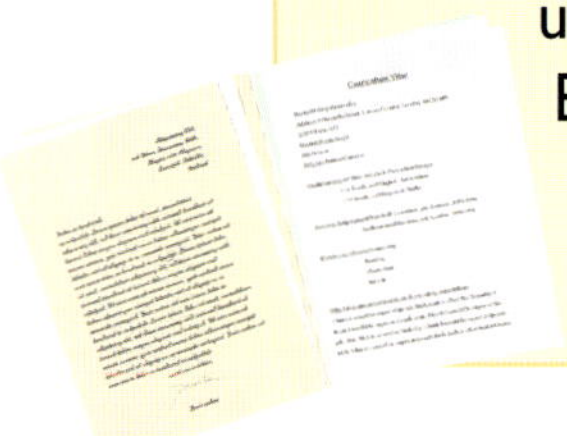

Bearbeitung delegieren

Man kann die Bearbeitung der Bewerbungen delegieren, Sie müssen jedoch dafür sorgen, dass der Beauftragte gründlich eingewiesen wird. Er muss:

- Mit der Stellenbeschreibung vertraut sein.
- Organisatorisches Geschick besitzen, um mit den Bewerbungen umgehen zu können.
- Zeit für die Aufgabe haben.
- Versiert in der Kommunikation am Telefon sein.
- Allgemeine Informationen über das Unternehmen geben können.

Mit grosser Resonanz umgehen

Ist die Resonanz auf eine Anzeige sehr groß, mussen Sie die völlig ungeeigneten Bewerber aussondern, um eine vernünftige Auswahlliste erstellen zu können. Stellen Sie dazu Mindestanforderungen, die alle Bewerber erfüllen müssen, bevor Sie die Bewerbungen weiter bearbeiten. Diese Anforderungen können schulische oder berufliche Qualifikationen und ein Berufsweg sein, der entsprechende Erfahrung über einen Mindestzeitraum einschließt.

Bewerbungen vor den Einstellungsgesprächen bearbeiten

Bestimmen, wer telefonische und schriftliche Anfragen erledigt	*Telefonzentrale und Posteingang unterrichten*
Bewerbungen mit Eingangsstempel versehen	*Eingang mit Standardbrief bestätigen*
Ablegen unter »Absage«, »Möglich« und »Einstellungsgespräch«	*Standardabsagen verschicken*
Zeit für Gespräche reservieren (mindestens eine Stunde pro Gespräch)	*Anwesenheit der Kollegen bedenken*
Gesprächstermine mit Kandidaten vereinbaren	*Ersatztermine ansetzen*
Endgültige Liste erstellen	*Kollegen, die an Gesprächen teilnehmen, informieren*

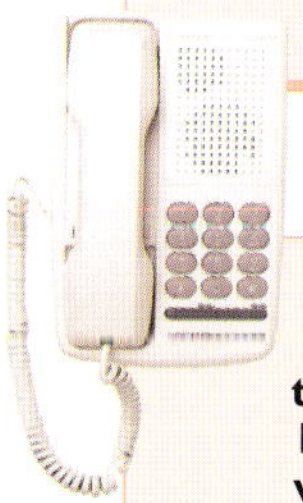

LEBENSLAUF BEWERTEN

Auch wenn die meisten Menschen in ihrem Lebenslauf die Wahrheit schreiben, ist der eine oder andere doch versucht, sich aufzuwerten. Lesen Sie den Lebenslauf sorgfältig durch, um sich die Auswahl zu erleichtern, und bereiten Sie Fragen vor.

20 **Markieren Sie interessante Punkte, auf die Sie zurückkommen.**

21 **Achten Sie auf die Form des Lebenslaufs.**

22 **Registrieren Sie Widersprüche bei den Fakten.**

DIE GLIEDERUNG

Die Gliederung eines Lebenslaufs kann eine Menge über die Fähigkeit des Kandidaten sagen, zu organisieren und Tatsachen wirksam zu vermitteln. Ein gut gegliederter Lebenslauf ist knapp und normalerweise höchstens zwei Seiten lang. Er kann den Ausbildungs- und Berufsweg chronologisch auflisten oder in umgekehrter zeitlicher Reihenfolge, von der jetzigen Position ausgehend. Maßgebliche Fähigkeiten werden besonders betont. Es gibt viele akzeptable Arten, einen Lebenslauf zu verfassen. Am wichtigsten ist die Überlegung, ob er Information logisch und verständlich vermittelt.

INFORMATIONEN LESEN

Prüfen Sie nach einem ersten Blick auf die Gliederung und den Stil des Lebenslaufs die enthaltenen Informationen. Überlegen Sie, ob Qualifikation und Erfahrung des Bewerbers dienlich sind und den gestellten Anforderungen gerecht werden. Besitzt der Kandidat noch weitere brauchbare Fähigkeiten? Enthält der Lebenslauf Hintergrundinformationen, die ein Bild der Person ergeben? Bekommen Sie eine Vorstellung vom beruflichen Werdegang?

23 **Fragen Sie sich, ob Form und Inhalt des Lebenslaufs ein positives Bild vom Bewerber zeichnen.**

LÜCKEN UND WIDERSPRÜCHE ERKENNEN

Zeitliche Ungereimtheiten und Widersprüche bei den Fakten können schlicht auf einen Irrtum zurückgehen. Schlimmstenfalls können sie jedoch auch der Hinweis auf den Versuch des Bewerbers sein, bestimmte Fakten zu manipulieren oder zu verheimlichen. Man sollte daher den zeitlichen Ablauf des Ausbildungs- und Berufsweges des Bewerbers gründlich darauf prüfen, ob die angegebenen Daten schlüssig sind. Sind Zeitabschnitte nicht nachgewiesen? Klafft z. B. zwischen dem Ende einer Beschäftigung und dem Beginn der nächsten eine Lücke? Erklären andere angegebene Informationen diese Lücke? Überschneiden sich Berufs- und Ausbildungszeiten? Gestehen Sie Bewerbern das Recht auf Irrtum zu, aber klären Sie die Punkte, wo Widersprüche bestehen.

DAS IST ZU TUN

1. Achten Sie auf Lücken im zeitlichen Ablauf des Lebenslaufs.
2. Überprüfen Sie nötigenfalls Befähigungen bei entsprechenden Einrichtungen.
3. Beurteilen Sie die durchschnittliche Beschäftigungsdauer pro Arbeitsplatz.
4. Beurteilen Sie, ob der Berufsweg des Bewerbers logisch verläuft.
5. Prüfen Sie, ob der Stil des Lebenslaufs auf Organisationsfähigkeit schließen lässt.

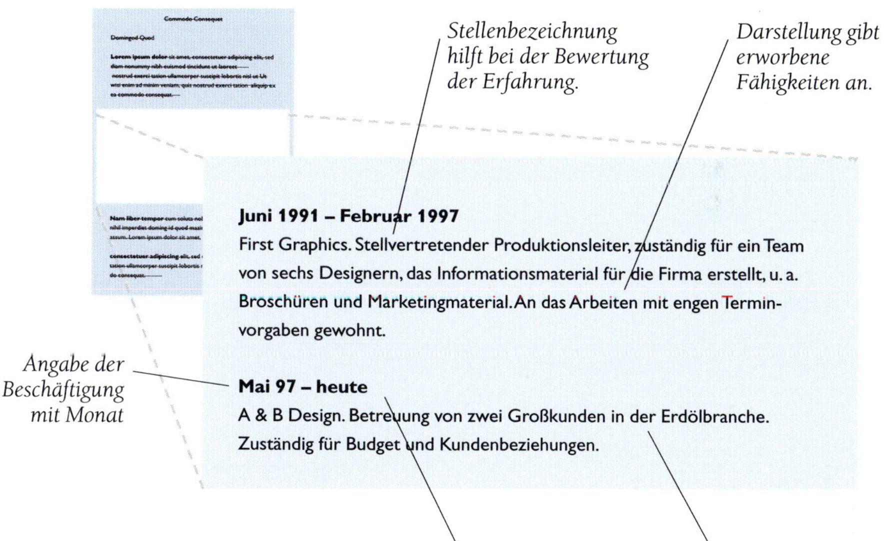

ERFAHRUNG BEWERTEN ▲

Prüfen Sie in einem Lebenslauf immer zuerst den beruflichen Werdegang, um zu entscheiden, ob der Bewerber in die engere Auswahl kommt.

BEWERBUNGEN PRÜFEN

Wenn Sie Bewerbungen prüfen, unterteilen Sie die Kriterien des Anforderungsprofils in wesentliche und wünschenswerte Kriterien. Gibt es noch andere Eigenschaften – etwa persönliche oder körperliche Befähigungen –, auf die Sie Wert legen?

24 Bewerbungsformulare bieten allen Bewerbern den gleichen Spielraum.

DIE EIGENEN KRITERIEN

Bevor Sie entscheiden, wer in die engere Wahl kommt, nehmen Sie das Anforderungsprofil und unterteilen Sie die Kriterien in wesentliche und lediglich wünschenswerte. Wie wichtig ist es z. B., dass die Bewerber eine oder mehrere Fremdsprachen sprechen? Sollten sie Computerkenntnisse haben, oder sind Sie bereit, sie zu schulen? Bewerber, die alle Kriterien erfüllen, werden selten sein, so dass Sie bei der Auswahl flexibel sein müssen.

25 Beraten Sie sich mit Kollegen, wenn es um Grenzfälle geht.

EIGENE KRITERIEN PRÜFEN

GESPRÄCHSLEITER
Wenn Sie Bewerbungsunterlagen prüfen, sollten Sie entschieden haben, welche Kriterien wesentlich und welche lediglich wünschenswert sind.

BEISPIELE FÜR KRITERIEN

- Ausbildung: Welches Ausbildungsniveau schwebt Ihnen vor? Würden Sie einen Schulabgänger einstellen oder ist ein Studium unerlässlich?
- Praktische Erfahrung: Legen Sie Wert auf spezielle, am Arbeitsplatz erworbene Fähigkeiten? Sollten die Bewerber wertvolle neue Kontakte für Ihr Unternehmen mitbringen?
- EDV-Fähigkeiten: Sind Grundkenntnisse oder fundierte Kenntnisse unerlässlich? Verwendet Ihr Unternehmen Software, mit der die Bewerber vertraut sein müssen?
- Kommunikations- und Verhandlungsgeschick: Sollte der Bewerber Verhandlungserfahrung aufweisen?
- Reisen: Muss der Bewerber regelmäßig reisen?

MIT KOLLEGEN SPRECHEN

Bevor Sie Grenzfälle ablehnen, kann es sinnvoll sein, über diese Bewerber mit Kollegen zu sprechen, deren Meinung Sie schätzen oder die mit dem Betreffenden zusammenarbeiten sollen. Objektive Ansichten anderer veranlassen Sie vielleicht, mit einem scheinbar ungeeigneten Kandidaten zu reden, der in Wirklichkeit der richtige Mann ist. Kollegen kennen vielleicht auch andere Stellen, für die der Betreffende in Frage kommen könnte.

ÜBER BEWERBER REDEN ▶
Reden Sie mit Kollegen über Grenzfälle. Vielleicht entdecken sie weitere Qualitäten.

26 Seien Sie höflich, wenn Sie abgelehnten Bewerbern antworten.

BEWERBERN ABSAGEN

Wenn Sie einem Bewerber absagen, seien Sie höflich und sachlich. Denken Sie daran, dass jeder wahrscheinlich viel Zeit und Mühe in die Bewerbung investiert hat. Schreiben Sie baldmöglichst einen höflichen Brief und danken Sie den Bewerbern für ihr Interesse. Erwähnen Sie, dass Sie die Bewerbung, auch wenn sie diesmal nicht erfolgreich war, zu Ihren Unterlagen nehmen, falls demnächst eine ähnliche Stelle frei werden sollte.

BEWERBUNGSFORMULARE AUSWERTEN

Bewerbungsformulare können bei der Bewertung von Bewerbern nützlich sein, da dadurch alle Kandidaten gleichgestellt werden – alle müssen dieselben Fragen beantworten. Bei der Bearbeitung eines Formulars kann man die Bewerber anhand der Kriterien relativ gut vergleichen und eine Auswahl treffen. Sie können die Informationen digital erfassen und damit auch künftig verwerten. Ein vergleichbares Leistungsprofil der Bewerber erleichtert es Ihnen, Personen auszuwählen, die genau auf den Gebieten spezialisiert sind, wo Sie freie Stellen zu besetzen haben. Allerdings eignen sich Formulare nicht für jede Qualifikation und Arbeitsstelle.

KANDIDATEN AUSWÄHLEN

Sobald Sie alle Bewerber gesichtet haben, können Sie die Kandidaten für die engere Wahl aussuchen. Oft sind nur wenige geeignet – wenn nicht, kann die Entscheidung, wer von der Auswahlliste zum Gespräch gebeten wird, der schwierigste Teil sein.

27 **Sondieren Sie durch Telefonate vor den Einstellungsgesprächen.**

28 **Entscheiden Sie, ob Sie Auswahltests durchführen wollen.**

EIGNUNGSBÖGEN

Eine Hilfe beim Zusammenstellen der Auswahlliste ist ein »Eignungsbogen« für jeden Kandidaten. Zeichnen Sie auf ein leeres Blatt in der Mitte zwei senkrechte Linien. Führen Sie auf der linken Seite die für die Stelle erforderlichen Kriterien an. Nehmen Sie ein Blatt für jeden Kandidaten und schreiben Sie Qualifikation und Erfahrung auf die rechte Seite. Haken Sie in der Mittelspalte die Posten ab, die der Einzelne erfüllt, und nehmen Sie die mit den meisten Haken in die engere Wahl.

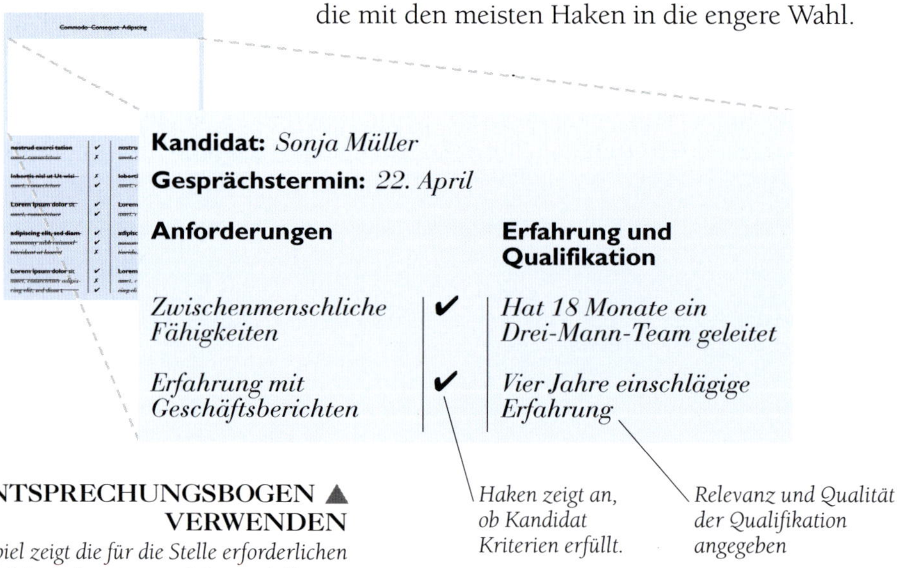

ENTSPRECHUNGSBOGEN VERWENDEN ▲
Dieses Beispiel zeigt die für die Stelle erforderlichen Kriterien auf der linken Seite und die Qualifikation und Erfahrung des Kandidaten auf der rechten.

NACHFRAGEN ▶
Wenn Sie einen Kandidaten anrufen, fragen Sie zuerst, ob ihm oder ihr das Gespräch jetzt recht ist.

Punkte werden abgehakt, wenn sie bestätigt werden.

DETAILS PRÜFEN

Wenn Sie Einzelheiten aus dem Lebenslauf eines Bewerbers bestätigen möchten, gibt es unterschiedliche Vorgehensweisen. Sie können sich an die Schule oder Universität wenden, um Ausbildungsdetails zu erfahren. Allerdings sollte der Kandidat wissen, dass Sie in diesem frühen Stadium so verfahren. Sie können auch telefonisch mit Kandidaten sprechen und direkt nachhaken. Falls Sie sie an ihrem jetzigen Arbeitsplatz anrufen, melden Sie sich neutral, und vergewissern Sie sich, dass der Kandidat ungestört ist.

NICHT VERGESSEN

- Einige Bewerber geben ihr aktuelles Gehalt höher an als es tatsächlich ist.
- Lügen fällt selbst am Telefon schwerer als in einer schriftlichen Bewerbung.
- Wenn es aktuell ist, muss man die Bewerber fragen, ob sie bereit sind umzuziehen.
- Wenn man die Referenzen der Kandidaten nicht gleich nachprüfen kann, sollte man das, was sie angeben, zunächst glauben.
- Auch wenn Humor eine gute Eigenschaft ist, sollte man von einem Kandidaten erwarten, dass er bei der Vorstellung ernsthaft ist.
- Persönliche Eindrücke am Telefon sind Notizen wert.

AUSWAHLLISTE ERSTELLEN

Die Auswahlliste der Gesprächskandidaten sollte nicht so lang sein, dass sich die Eindrücke, die Sie von ihnen erhalten, gegenseitig auslöschen. Die Bewerber, die jetzt noch übrig sind, sollten alle Ihre erste Wahl sein. Sie müssen den Anforderungen des Arbeitsplatzes hinsichtlich Qualifikation und Leistung weitgehend entsprechen.

Vielleicht möchten Sie auch ein oder zwei Bewerber in die engere Wahl nehmen, die zwar außergewöhnliche Kenntnisse auf bestimmten Gebieten besitzen, aber nicht auf allen Gebieten qualifiziert sind. Je nach der zu vergebenden Stelle lohnt vielleicht auch das Gespräch mit einigen ungewöhnlichen Bewerbern. Wenn die Aufgabe die Durchführung radikaler Änderungen verlangt, ist jemand, der bislang stets unter denselben Bedingungen gearbeitet hat und mit ihnen bestens vertraut ist, wahrscheinlich nicht die geeignetste Person.

GESPRÄCHE ARRANGIEREN

Wahrscheinlich können Sie nicht mit allen Kandidaten der Auswahlliste kurzfristig Einstellungsgespräche vereinbaren. Viele werden sich dafür frei nehmen oder anreisen müssen. Bedenken Sie das und seien Sie bei der Planung möglichst flexibel.

29 Stellen Sie sich auf Gespräche auch außerhalb der Arbeitszeit ein.

30 Bieten Sie Kandidaten etwas zu trinken an, um Anspannung abzubauen.

GESPRÄCHE PLANEN

Bevor Sie Gespräche vereinbaren, klären Sie, wie lange das Ganze dauert. Der Rang der freien Stelle bestimmt vielleicht, wie viele Runden Sie brauchen. Für eine einfache Stelle wird ein Gespräch reichen, bei einer höheren Position werden Sie vielleicht ein zweites Gespräch ansetzen wollen. Vereinbaren Sie das und planen Sie Zeit für eventuelle Tests ein. Bestätigen Sie alle Einzelheiten des Einstellungsgesprächs schriftlich und schicken Sie den Kandidaten Wegbeschreibungen.

GESPRÄCHSTEILNEHMER

Unter bestimmten Umständen ist es wünschenswert, Fachkollegen bei der Auswahl neuer Mitarbeiter hinzuzuziehen. In einigen Unternehmen muss ein Mitglied der Personalabteilung an allen Einstellungsgesprächen teilnehmen. Das ist vor allem dann sinnvoll, wenn es sich um eine gehobene Position handelt oder der Gesprächsleiter unerfahren ist. Soll ein Beschäftigter für mehr als eine Person arbeiten, sollten möglichst alle anwesend sein, denen der Betreffende unterstellt ist. Fragen Sie auch Ihren Vorgesetzten, ob er dabei sein möchte. Soll der Angestellte eng mit einer anderen Abteilung zusammenarbeiten, ziehen Sie einen Vertreter zur Beurteilung des möglichen neuen Kollegen hinzu.

NICHT VERGESSEN

- Die Anwesenheit eines Kollegen beim Gespräch kann nützliche zusätzliche Erkenntnisse bringen.
- Eine aufmerksame Empfangsdame kann wertvolle Einsichten in das Verhalten von Bewerbern haben.
- Man sollte Bewerbern Zeit für Fragen zugestehen und sie vielleicht im Haus herumführen.
- Je kürzer die Auswahlliste, desto schneller kann man wahrscheinlich eine Stelle neu besetzen.
- Man sollte Bewerber nicht unnötig warten lassen oder im Gespräch festhalten. Vielleicht haben sie sich nur mit Mühe freinehmen können.

TEILNEHMER AM EINSTELLUNGSGESPRÄCH

GESPRÄCHSTEILNEHMER	DAS SOLLTEN SIE BEDENKEN
 **MANAGER** Ein anderer Manager, für den der Eingestellte ebenfalls arbeiten wird.	• Jeder Manager, dem der neue Mitarbeiter unterstellt ist, sollte zum Auswahlverfahren hinzugezogen werden, um künftige unliebsame Überraschungen zu vermeiden. • Ein Manager mit mehr Gesprächserfahrung als Sie kann wahrscheinlich gute Tipps geben und eine weitere Ansicht beisteuern.
 **KOLLEGE** Ein Vertreter der Abteilung, mit der der Eingestellte zusammenarbeiten soll.	• Wenn die Stelle mit Aufgaben zu hat, die zusammen mit einer anderen Abteilung erledigt werden müssen, sollte ein Vertreter dieser Abteilung anwesend sein. • Ein Kollege ist nicht zur endgültigen Auswahl des Kandidaten oder zum Aushandeln der Einstellungsbedingungen befugt.
 **VORGESETZTER** Der Manager, dem man unterstellt ist und der die Einstellung genehmigt.	• Vielleicht möchte Ihr Vorgesetzter bei der Auswahl dabei sein, wenn Sie noch unerfahren sind. • Wie gut ein Kandidat in das Team oder die Abteilung passt, kann am besten Ihr Vorgesetzter beurteilen. • Vielleicht muss Ihr Vorgesetzter vor der endgültigen Zusage mit dem Kandidaten reden.

GESPRÄCHSTERMINE PLANEN

Bieten Sie mehrere Gesprachstermine fur den Fall an, dass ein Bewerber einen Termin nicht wahrnehmen kann. Planen Sie reichlich Zeit zwischen den Gesprächen ein. Es ist peinlich, wenn Bewerber sich die Klinke in die Hand geben. Das macht nervös und beeinträchtigt das Vorstellungsgespräch. Reichlich Zeit zwischen den Gesprächen lässt Ihnen notfalls mehr Zeit für einen Bewerber oder Luft zum Überziehen, wenn es eine Verzögerung gibt. Sie haben außerdem genügend Zeit, sich ausführliche Notizen zu jedem Bewerber zu machen – bei vielen Bewerbern verwischen sich die Eindrücke zwangsläufig, sobald das Gespräch beendet ist. Legen Sie auch selbst eine kurze Verschnaufpause zwischen Kandidaten ein.

31 Sorgen Sie dafür, dass Sie nicht gestört werden.

32 Seien Sie ausgeruht, damit Sie bei den Gesprächen fit sind.

GESPRÄCHSORT BESTIMMEN

Wählen Sie den Ort für das Einstellungsgespräch mit Bedacht. Denken Sie daran: Sie führen das Gespräch, um den besten Bewerber zu finden, die Bewerber können sich jedoch nicht von ihrer besten Seite zeigen, wenn sie sich nicht wohl fühlen.

33 **Hängen Sie ein »Bitte-nicht-stören«-Schild vor den Raum.**

WAHL DES ORTES

Sie müssen entscheiden, ob das Gespräch in Ihrem Unternehmen oder an einem neutralen Ort stattfinden soll. Möchten Sie im ersten Fall das Gespräch in Ihrem eigenen Büro führen oder in einem nüchterneren Konferenzraum? Wenn Ungestörtheit oder Diskretion wichtig sind, wählen Sie neutralen Boden – ein Hotelzimmer oder das Büro eines Dritten. Bemühen Sie sich um eine entspannte Atmosphäre mit nicht zu grellem Licht.

ATMOSPHÄRE SCHAFFEN ▼
Vermeiden Sie bei einem Einstellungsgespräch jede Störung, und tun Sie alles, damit der Bewerber sich wohl fühlt. Dann kann er sich von seiner besten Seite zeigen.

Bewerberin ist auf niedrigem Stuhl eingeschüchtert.

Monitor wirkt störend.

Telefon kann Gespräch unterbrechen.

DIE SITZORDNUNG

Bei einem Einstellungsgespräch bieten sich mehrere Sitzordnungen an. Sich direkt gegenüber zu sitzen ist immer eine etwas förmliche Möglichkeit, während ein Arrangement nebeneinander eine zwanglosere Atmosphäre schafft. Denken Sie daran, dass Bewerber es im Allgemeinen vorziehen, eine feste Fläche wie einen Tisch zwischen sich und dem Gegenüber zu haben. Nur auf einem Stuhl fühlt man sich unter Umständen noch unwohler und ungeschützter. Sofern es nicht zu Ihrer Strategie gehört, setzen Sie Bewerber nicht auf einen niedrigeren Stuhl – darauf fühlt man sich leicht unterlegen und unbehaglich.

34 **Bedeuten Sie dem Bewerber, wo er sich hinsetzen soll.**

35 **Sorgen Sie dafür, dass der Gesprächsraum zu finden ist.**

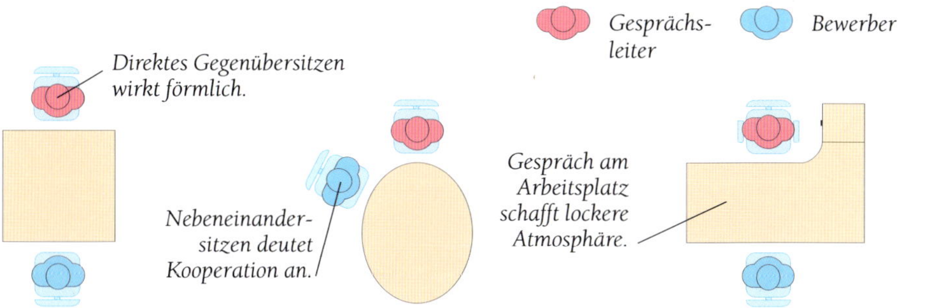

▲ FÖRMLICHES GESPRÄCH
Ein quadratischer oder rechteckiger Tisch ist förmlicher als ein kleiner runder.

▲ ZWANGLOSES GESPRÄCH
Ein runder Tisch schafft eine zwanglose Atmosphäre und bietet mehr als zwei Personen Platz.

▲ GESPRÄCH IM BÜRO
Gespräche an Ihrem Arbeitsplatz sind zwanglos. Sie eignen sich bei internen Bewerbern.

TUN UND LASSEN

- ✔ Ziehen Sie die Rollos vor, damit niemand geblendet wird.
- ✔ Stellen Sie während des Gesprächs das Telefon ab.
- ✔ Sorgen Sie dafür, dass der Raum gut belüftet und nicht zu warm ist.
- ✗ Gewähren Sie dem Bewerber keinen Einblick in Ihre Notizen.
- ✗ Hängen Sie keine ablenkenden Bilder an die Wände.
- ✗ Bieten Sie kein Gebäck an. Niemand kann essen und dabei reden.

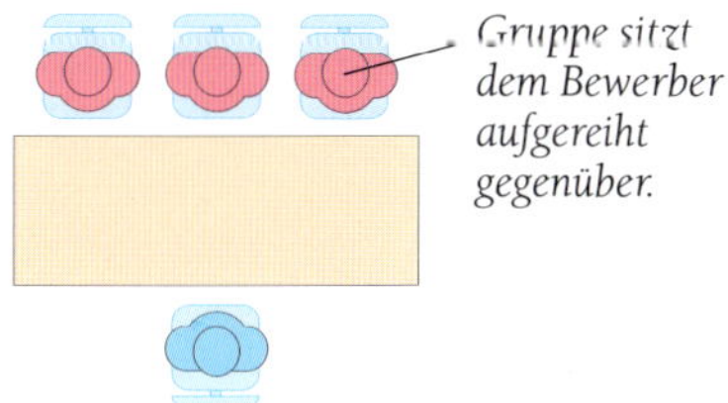

▲ GRUPPENGESPRÄCH
Wenn man sich an einem rechteckigen Tisch gegenüber sitzt, gleicht das einer Konfrontation.

WAHL DER STRATEGIE

Die wichtigste Entscheidung vor einem Einstellungsgespräch betrifft Klima und Strategie. Soll es nüchtern sein, oder möchten Sie den Kandidaten unter Druck setzen? Das hängt womöglich von der Stellung ab, um die es bei dem Gespräch geht.

36 Geben Sie vor einem Gruppengespräch allen Zeit, sich auf die Ziele zu einigen.

DIE EIGENEN ZIELE

Überlegen Sie vor dem Hintergrund der Anforderungen der Position, was Sie mit dem Gespräch erreichen wollen. Wählen Sie eine Strategie, die Ihnen hilft. Wenn die Fachkenntnisse des Bewerbers ausreichen, konzentrieren Sie sich im Gespräch vielleicht auf seine Menschenkenntnisse. Oder Sie führen ein aggressives Gespräch, um den Bewerber zu testen, wenn er unter Druck steht.

37 Lassen Sie allen sämtliche Informationen über die Kandidaten zukommen.

EINE GESPRÄCHSSTRATEGIE VORBEREITEN

ART DES GESPRÄCHS	WIE MAN SICH VORBEREITET
SACHLICH Es geht hauptsächlich darum, Sachinformationen zu erhalten. Der Bewerber als Person ist weniger wichtig.	Erstellen Sie eine Liste mit allgemeinen und speziellen Fragen, die exakt die Antworten liefern, die Sie brauchen.
SITUATIONSBEZOGEN Ein situationsbezogenes Gespräch soll zeigen, wie der Bewerber mit wichtigen Arbeitsbelangen umgeht.	Bereiten Sie offene Fragen vor, z. B: »Was würden Sie tun, wenn...?« Lassen Sie die Bewerber das Szenario durchspielen.
KONFRONTATION Gehen Sie auf Konfrontation, um festzustellen, wie der Bewerber sich unter arbeitsbedingtem Stress verhält.	Planen Sie eine Konfrontation mit Angriffen und Anspielungen auf die Kenntnisse und den Berufsweg des Bewerbers.
FACHLICH Führen Sie ein Fachgespräch, um festzustellen, ob der Bewerber die angegebenen Kenntnisse besitzt.	Bereiten Sie einen praktischen Test vor, etwa einem Kollegen etwas zu verkaufen oder am Computer Aufgaben zu lösen.

GESPRÄCHE GLIEDERN

Wie Ihr Gespräch im Detail aufgebaut ist, hängt von Ihrer Strategie ab. Einstellungsgespräche enthalten jedoch meist folgende Elemente:

- Eine Einleitung und Kennenlern-Phase, in der man über allgemeine Dinge spricht.
- Einen Teil mit Fragen und Antworten, um Lücken im Lebenslauf auszufüllen.
- Eine Erkundung des Charakters und der persönlichen Eigenschaften des Bewerbers.
- Einen abschließenden Teil, in dem der Bewerber Fragen zu der Arbeit und den Bedingungen stellt.

Sie können das an Ihre Strategie anpassen – vielleicht möchten Sie einen technischen Test einfügen. Sie können auch, wenn Sie aggressiv vorgehen wollen, die Einleitung weglassen.

38 Wenn Teamarbeit wichtig ist, planen Sie Gruppenübungen ein.

39 Strukturieren Sie das Gespräch nach Ihrer Strategie.

DAS GRUPPENGESPRÄCH

Das Gruppengespräch hat den Vorteil, dass mehrere Gesprächsteilnehmer einen Bewerber gleichzeitig befragen können. Das Wechselspiel ihrer Fragen kann weit mehr zutage fördern als die Befragung durch eine Person. Gruppengespräche nehmen dem Gesprächsleiter auch etwas vom Druck. Die Entscheidung fällt nach einer Beratung und beruht auf der Meinung mehrerer

Achten Sie darauf, dass die Gruppe ausgewogen ist und niemand das Gespräch dominiert. Sie können die Gruppenmitglieder nach ihrem Fachwissen auswählen oder weil sie mit dem erfolgreichen Bewerber zusammenarbeiten werden. Das Rollenspiel in der Gruppe ist eine beliebte Strategie.

▲ **MACHEN SIE EIN ROLLENSPIEL**
Eine Gesprächsgruppe kann sich die Fragen aufteilen. Schon zwei Teilnehmer können die Rolle des freundlichen bzw. feindlichen Fragestellers spielen.

FRAGEN VORBEREITEN

Der beste Weg, etwas über einen Bewerber zu erfahren, ist der, die richtigen Fragen richtig zu stellen. Formulieren Sie die Fragen mit Bedacht, damit Sie das erfahren, was Sie wollen. Greifen Sie die Antworten des Bewerbers für Ihre nächste Frage auf.

40 **Beginnen Sie mit einfachen Fragen, damit sich der Bewerber entspannt.**

41 **Machen Sie eine spezifische Frageliste für jeden Bewerber.**

FRAGEN AN EINEN BEWERBER

- **F** Warum möchten Sie gerade jetzt wechseln?
- **F** Welche Ihrer Eigenschaften halten Sie für die wichtigsten?
- **F** Wie war Ihr Verhältnis zu den letzten Arbeitgebern?
- **F** Was war für Sie Ihr bisheriger beruflicher Höhepunkt?
- **F** Was war Ihr bisheriger beruflicher Tiefpunkt?
- **F** Welche Erfahrung haben Sie mit Problemlösungen?
- **F** Was sind Ihre langfristigen Ziele, und wie glauben Sie, sie hier verwirklichen zu können?

FRAGEN FORMULIEREN

Man kann die Antworten eines Bewerbers dadurch beeinflussen, dass man Fragen unterschiedlich formuliert. Offene Fragen sind bei einem Einstellungsgespräch wahrscheinlich am nützlichsten. Sie regen den Bewerber an, sich zu öffnen und länger zu reden: Dabei können Sie seine kommunikativen Fähigkeiten beobachten und detaillierte Informationen bekommen. Offene Fragen beginnen normalerweise mit »Was?«, »Wann?«, »Warum?« und »Wie?« – »Wie kam es, dass Sie sich für tropische Harthölzer interessierten?« Sie können auch mit einer persönlichen Aussage beginnen, auf die eine Frage folgt: »Ich bin einmal im Botanischen Garten in München gewesen. Waren Sie schon einmal dort?«

Geschlossene Fragen haben eine zustimmende oder verneinende, seltener eine ausführlichere Antwort zur Folge. Verwenden Sie sie zur Klärung unklarer Punkte, z. B. »Können Sie die Arbeit am 14. November antreten?« Mit diesen Fragen kann man auch Details eines Lebenslaufs klären.

42 **Stellen Sie offene Fragen, um mehr als nur »Ja« oder »Nein« von den Kandidaten zu hören.**

Fangfragen stellen

Eine Fangfrage ist eine Frage, die den Bewerber veranlasst, auf eine bewusste Annahme zu reagieren. Man kann z. B. prüfen, wie ernst es dem Bewerber mit der Stelle ist, und fragen: »Wann glauben Sie in unserem Münchener Büro anfangen zu können?« Wenn der Bewerber darauf antwortet: »Ist das nicht ein bisschen voreilig?«, wissen Sie, dass es noch ein Stück Weg ist. Ist er jedoch ganz versessen darauf, können Sie davon ausgehen, dass Sie kurz vor dem Abschluss stehen. Stellen Sie diese Fragen nicht in einem aggressiven Ton.

MASSGESCHNEIDERTE FRAGEN ▶

Vermeiden Sie bei Einstellungsgesprächen Fragen, auf die der Bewerber mit Schweigen oder Abwehr reagiert. Achten Sie auf körpersprachliche Anzeichen für Abwehrverhalten.

43 Stellen Sie geschlossene Fragen nur für eine konkrete Antwort.

Mit Checkliste arbeiten

Es kann sinnvoll sein, sich eine Liste mit Fragen anzulegen, die man im Gespräch stellen möchte. Kleben Sie jedoch nicht zu sehr an der Reihenfolge oder dem Inhalt der Liste – ein Gespräch ist keine Einbahnstraße, sondern verläuft in zwei Richtungen. Der eigentliche Zweck einer solchen Liste besteht in der Sicherheit, alles bedacht zu haben und notfalls auf sie zurückgreifen zu können.

Auf Fragen aufbauen

Die Fragen des Fragestellers müssen von den Antworten des Bewerbers beeinflusst werden. Jede Frage sollte auf der vorigen aufbauen und den Bewerber dahin bringen, die Informationen preiszugeben, die man braucht. »Sie haben also sechs Monate Pause gemacht?«...»Sind Sie weggefahren?«...»Wie lange haben Sie gebraucht, nach Ihrer Rückkehr eine Arbeit zu finden?«...»Sie waren also zwei Wochen in Asien und haben dann fünf Monate einen Job gesucht. Ist das richtig?«

44 Verwenden Sie Lebenslauf und Eignungsbogen, um Fragen für das Gespräch zu suchen.

DAS ZUHÖREN SCHULEN

Aufmerksames Zuhören ist eine der wichtigsten Fähigkeiten beim Einstellungsgespräch. Wenn Sie intensiv zuhören, fühlt sich der Bewerber angeregt weiterzureden. Arbeiten Sie daran, sich zu konzentrieren und auf Körpersprache zu achten.

45 Sie haben zwei Ohren und einen Mund – hören Sie doppelt so lang zu wie Sie reden.

FÄHIGKEITEN PRÜFEN

Die meisten Menschen hören die eigene Stimme gern, glauben aber auch, gute Zuhörer zu sein. Testen Sie, wie gut Sie als Zuhörer sind. Nehmen Sie ein Gespräch mit einem Kollegen auf Band auf und hören Sie es sich gut an. Wer redet am meisten? Wer redet am schnellsten? Gehen Sie auf die Sorgen Ihres Kollegen ein oder fahren Sie einfach dort fort, wo Sie unterbrochen wurden? Beim Abhören des Bandes können Sie erkennen, wo Sie sich verbessern müssen und wo Sie gut sind.

46 Resümieren Sie, was ein Bewerber sagt, um zu zeigen, dass Sie zuhören.

KÖRPERSPRACHE EINSETZEN ▼

Lernen Sie bei Ihren Vorbereitungen auch, positive Körpersprache einzusetzen. Hier hört der Gesprächsleiter der Bewerberin aufmerksam zu.

SCHLECHTE GEWOHNHEITEN

Selbst gute Zuhörer entwickeln schlechte Angewohnheiten. Zwei der häufigsten sind, bei Informationen, die einen nicht interessieren, abzuschalten und anderen ins Wort zu fallen. Wenn Sie wissen, dass Sie zu diesen Unarten neigen, versuchen Sie, dagegen anzugehen. Denken Sie daran: Ein guter Zuhörer zu werden erfordert Bewusstsein, Übung und Bemühen.

47 Vergewissern Sie sich beim Bewerber, dass Sie alles verstanden haben, was Ihnen gesagt wurde.

DAS IST ZU TUN

1. Seien Sie neugierig – es hilft, richtig zuzuhören.
2. Stellen Sie sicher, dass Sie eine Frage verstehen, bevor Sie antworten.
3. Notieren Sie sich aufkommende Fragen. So haben Sie den Kopf frei zum Zuhören.
4. Achten Sie auf die Emotionen hinter den Worten.
5. Stellen Sie Ihre schlechten Zuhörgewohnheiten ab.

DIE EIGENEN NEGATIVEN KÖRPERSIGNALE ERKENNEN

Zwischen Hören und Zuhören besteht ein großer Unterschied. Achten Sie auf die negative Körpersprache, die Sie zeigen, wenn Sie nicht richtig konzentriert sind. Sobald Sie sie erkennen, können Sie verhindern, in schlechte Angewohnheiten zu verfallen.

Abwehrende Körpersprache bedeutet Abwehr im Kopf.

◀ ABWEHR ZEIGEN

Dieser Mann sitzt abwehrend da. Bei einer solchen Haltung – verschränkte Arme und zurückgelehnt – bekommt der Bewerber das Gefühl, dass Sie nicht zugänglich sind.

Gesprächsleiter fasst sich nachdenklich ans Kinn.

UNAUFMERKSAM SEIN ▶

Der Gesprächsleiter wirkt nachdenklich und unkonzentriert. Das kann von der Bewerberin als mangelndes Interesse an ihrer Bewerbung gedeutet werden.

SICH SELBST VORBEREITEN

Bevor ein Einstellungsgespräch beginnt, überprüfen Sie noch einmal, ob Sie die Informationen haben, die Sie brauchen, ob alle Geräte funktionieren (etwa das Tonband), ob Sie die Materie im Griff haben und ob Sie positiv gestimmt sind.

48 **Seien Sie bereit, auch Fragen zu beantworten, nicht nur zu stellen.**

DIE WERKZEUGE

Entscheiden Sie, wie das Gespräch festgehalten werden soll. Der übliche Weg sind Notizen. Das stört nicht, nimmt Ihnen aber Zeit und kann Sie vom Gespräch ablenken. Wenn Sie Notizen machen, dann in einem Block, nicht auf dem Rand des Lebenslaufs, den Sie vielleicht noch jemandem zeigen müssen. Eine Alternative ist die Tonbandaufzeichnung. Das erlaubt Ihnen zwar, sich ganz auf das Gespräch zu konzentrieren, kann aber den Bewerber irritieren. Prüfen Sie auf jeden Fall, ob genügend Batterien und Bänder vorhanden sind, die für die Dauer des Gesprächs reichen.

49 **Erstellen Sie eine Checkliste für das Gespräch.**

50 **Fragen Sie, ob der Bewerber mit einer Aufzeichnung einverstanden ist.**

IHR ÄUSSERES

Denken Sie daran, dass Sie ein Botschafter sind, der sein Unternehmen einem Bewerber präsentiert, so wie der Bewerber sich Ihnen. Sorgen Sie dafür, dass Sie ordentlich aussehen und angemessen gekleidet sind. Wenn Sie jemanden für ein unkonventionelles Unternehmen einstellen, in dem die Mitarbeiter sportlich gekleidet sind, bringen Sie das in Ihrer Kleidung zum Ausdruck.

Sie müssen gut über Ihr Unternehmen Bescheid wissen. Machen Sie sich sachkundig, und beantworten Sie die Fragen der Bewerber. Vielleicht möchten Sie den Bewerbern auch Informationsmaterial oder den Jahresbericht der Firma geben.

51 **Ordnen Sie vor einem Gespräch Ihre Kleidung und Ihr Haar.**

DAS MATERIAL VORBEREITEN

Es gibt einige Informationen, die Sie bei einem Einstellungsgespräch zur Hand haben sollten:

- Worum geht es bei der Stelle, allgemein und speziell?
- Wem ist der neue Bewerber unterstellt?
- Welches Gehalt können Sie anbieten und wann wird es erhöht?
- Besteht die Möglichkeit (oder Pflicht) zu Überstunden?
- Wie sind die Aussichten auf Beförderung?
- Welche Nebenleistungen werden geboten – etwa zusätzliche Monatsgehälter oder Gewinnbeteiligung?

▲ **ÜBERPRÜFEN DER UNTERLAGEN**
Werfen Sie unmittelbar vor einem Gespräch noch einen kurzen Blick auf den Lebenslauf. Stellen Sie sicher, dass Ihre vorbereitete Frageliste die gewünschten Informationen bringt.

FÜNF MINUTEN KONZENTRATION

Überfliegen Sie die Unterlagen des Bewerbers noch einmal fünf oder zehn Minuten vor seinem Eintreffen. Sie sollten davon ausgehen, dass er pünktlich oder sogar etwas früher kommt. Rekapitulieren Sie die Fragen, die Sie stellen wollen, und ihre Reihenfolge. Konzentrieren Sie sich auf die Person, die Sie erwarten, und verbannen Sie andere Bewerber aus Ihrem Kopf. Entspannen Sie sich dann ein, zwei Minuten. Lehnen Sie sich zurück und atmen Sie tief ein. Atmen Sie langsam und gleichmäßig aus und wiederholen Sie das einige Male. Sie werden sich frischer und für den Bewerber bereit fühlen.

SICH FERTIG MACHEN ▶
Einstellungsgespräche können anstrengen. Kräftigen Sie sich zwischen den Gesprächen durch tiefes Durchatmen.

GESPRÄCHE FÜHREN

Einstellungsgespräche können Gesprächsleiter wie Kandidaten gleichermaßen nerven. Führen Sie sie so, dass beide Seiten sich wohl fühlen, damit sie Ihnen möglichst viel bringen.

EIN GESPRÄCH ERÖFFNEN

Die ersten Augenblicke eines Gesprächs sind von entscheidender Bedeutung, da sich hier die ersten Eindrücke bilden. Gleich welche Position Sie haben, begrüßen Sie jeden Bewerber so höflich und zuvorkommend, wie Sie an seiner Stelle gern begrüßt würden.

52 **Wenn ein Bewerber zu früh kommt, sagen Sie ihm, wann Sie bereit sind.**

KULTURELLE UNTERSCHIEDE

Achten Sie bei der Begrüßung von Bewerbern auf kulturelle Unterschiede: In einigen Ländern begrüßen Männer sich mit einer Umarmung und einem Kuss auf die Wange, in anderen verbeugen sich Männer wie Frauen lediglich. Der Handschlag wird fast überall akzeptiert.

BEWERBER BEGRÜSSEN

Die richtige Begrüßung kann alles entscheiden. Erheben Sie sich, wenn ein Bewerber eintritt, sehen Sie ihn an, lächeln Sie und gehen Sie auf ihn zu, um ihm die Hand zu geben. Sprechen Sie den Bewerber mit Namen an. Sind weitere Personen im Raum, stellen Sie sie deutlich vor und wiederholen Sie die Namen später für den Fall, dass sie dem Bewerber entfallen sind. Bitten Sie den Bewerber, Platz zu nehmen, und bieten Sie ihm etwas zu trinken an – vor allem, wenn er eine längere Anreise hatte. Und denken Sie daran: Wie aufgeregt Sie auch sind, der Bewerber ist noch aufgeregter.

BEWERBER BERUHIGEN

Im Leben eines jeden gibt es Augenblicke, wo ihn alle eventuellen Führungsqualitäten verlassen und er darauf wartet, gesagt zu bekommen, was geschehen soll. Der Eintritt in ein Zimmer zum Vorstellungsgespräch ist ein solcher Augenblick. Ergreifen Sie als Gesprächsleiter die Initiative, um den Bewerbern den Einstieg zu erleichtern. Halten Sie sich an das formale Schema: Bitten Sie den Bewerber, Platz zu nehmen und zeigen Sie ihm den Platz. Vermeiden Sie, ihn in Verlegenheit zu bringen. Ist ein Bewerber z. B. unpassend gekleidet oder ungeschickt, spielen Sie es herunter.

▲ SOFORT BEZIEHUNG HERSTELLEN

Stellen Sie eine positive Beziehung zum Bewerber her, indem Sie zur Begrüßung aufstehen. Beugen Sie sich vor und sehen Sie ihn direkt an, damit er sich entspannt.

53 Lächeln Sie, aber nicht zu oft, da Sie das nervös wirken lässt.

BEWERBER BEURTEILEN

Das eigentliche Ziel eines Einstellungsgesprächs ist es, sich einen Eindruck von der Person und den Fähigkeiten eines Bewerbers zu machen. Um den Lebenslauf zu überprüfen, stellen Sie wohldurchdachte Fragen und halten Sie Ihre Eindrücke fest.

54 Der »beste« Bewerber ist vielleicht nur im Gespräch gut.

55 Kleiden Sie sich neutral, dass der Bewerber nicht abgelenkt wird.

EINDRUCK BEKOMMEN

Sie haben sich sicher schon vor dem Einstellungsgespräch ein Bild vom Bewerber gemacht. Vorsicht vor Vorurteilen, die den ersten Eindruck beeinträchtigen können: Vielleicht stoßen Sie sich an langen Haaren, dem Dialekt oder der Art der Kleidung. Auch der Bewerber wird sich eine Meinung über Ihr Unternehmen gebildet haben. Ein ungünstiger Eindruck ist schwer zu revidieren; es ist daher Ihre Aufgabe, sich selbst und Ihr Unternehmen in einem guten Licht darzustellen.

Beginnen Sie das Gespräch möglichst zwanglos plaudernd, damit Sie sich beide wohl fühlen. Reden Sie über allgemeine Dinge wie das Wetter, die Lage Ihres Büros, aktuelle Ereignisse oder was Sie beide sonst interessieren könnte.

56 Seien Sie beim Einstellungsgespräch so »natürlich« wie möglich.

FAKTEN ABDECKEN

Sie müssen sich nicht nur einen Gesamteindruck vom Bewerber verschaffen, sondern auch seinen Lebenslauf überprüfen. Stellen Sie genaue Fragen nach der Ausbildung, der praktischen Erfahrung und anderen relevanten Kenntnissen. Vielleicht erfahren Sie etwas Nützliches – etwa, dass der Bewerber eine zweite Sprache spricht, weil ein Elternteil aus einem anderen Land kommt. Bewerber besitzen eventuell Zusatzfähigkeiten, die für Sie und Ihr Unternehmen nützlich sein können.

57 Fragen Sie sich, ob der Bewerber die Aufgabe bewältigen kann.

NICHT VERGESSEN

- Wer Blickkontakt herstellt, gilt als vertrauenswürdig.
- Die Büroeinrichtung kann Ihren Status bekräftigen.
- Aus einem Lebenslauf sollten eindeutige Hinweise auf eine berufliche Entwicklung abzulesen sein.
- Die Fragen sollten sich auf den individuellen Lebenslauf beziehen.
- Hat man Lücken im Lebenslauf entdeckt, sollte das Gespräch zur Klärung dieser Punkte dienen.

BERUFLICHE ENTWICKLUNG BETRACHTEN

Um zu prüfen, ob ein Bewerber möglichst schnell Karriere machen will oder ob er die Stelle aus anderen Gründen anstrebt, fragen Sie ihn, wie er seine berufliche Entwicklung sieht. Wenn Sie für ein Großunternehmen einstellen, das vor allem von ehrgeizigen jungen Leuten gern als Sprungbrett benutzt wird, achten Sie darauf, dass die Ziele des Bewerbers Bezug zu denen des Unternehmens haben. Selbst wenn jemand nur kurz in Ihrem Unternehmen bleibt, profitiert es davon vielleicht so sehr, dass sich eine Einstellung lohnt.

LÜCKEN ERSPÄHEN

Weist der berufliche Werdegang eines Bewerbers Lücken auf, müssen Sie die Gründe dafür suchen. Nicht alle Lücken sind die Folge unfreiwilliger Arbeitslosigkeit. Sie können auch auf längere Krankheit, Mutterschaftsurlaub, Reisen oder die Pflege der kranken Eltern zurückgehen. Selbst die Lücken, die das Ergebnis von Arbeitslosigkeit sind, sind dem Bewerber nicht unbedingt negativ anzurechnen. Stellen Sie dem Bewerber offene Fragen über eventuelle Lücken und die Gründe dafür. Sie stellen vielleicht fest, dass er freigesetzt wurde oder eine Stelle aus guten Gründen aufgegeben hat. Eruieren Sie, wie der Bewerber die Zeit zwischen den Anstellungen genutzt hat.

58 **Stellen Sie keine Fragen, die nichts mit der Stelle zu tun haben.**

AUF DETAILS ACHTEN ▶
Achten Sie auf beruflichen Fortschritt oder Kontinuität auf einem bestimmten Arbeitsgebiet. Lassen die Interessen des Bewerbers Voraussetzungen für genau diese Stelle erkennen?

FÄHIGKEITEN BEWERTEN

In einigen Fällen reicht die Ausbildung eines Bewerbers vielleicht, um seine Eignung für die Stelle abschätzen zu können, vorausgesetzt die Fähigkeiten sind auf dem neuesten Stand. In den meisten Fällen gilt einschlägige praktische Erfahrung jedoch als das wertvollere Indiz für Fähigkeit und Eignung. Sie haben als Gesprächsleiter die Aufgabe, aufgrund der Ihnen zugänglichen Informationen die beruflichen, fachlichen und praktischen Fähigkeiten des Bewerbers zu bewerten.

59 Benoten Sie die wichtigen Fähigkeiten eines Bewerbers.

DIE QUALIFIKATION EINES BEWERBERS BEWERTEN

FÄHIGKEITEN	WEGE ZUR BEWERTUNG
ORGANISATORISCH Lässt der Bewerber Anzeichen dafür erkennen, dass er organisiert und methodisch vorgeht?	Fragen Sie die Bewerber nach ihrer Einstellung zur Ordnung. Erkunden Sie, ob sie mit Ablagesystemen arbeiten, und fragen Sie, wie sie ein Projekt organisatorisch angehen würden.
ANALYTISCH Wie gut kann der Bewerber geschäftliche Situationen analysieren, und wie schnell findet er die beste Lösung?	Fragen Sie nach Beispielen für ihre Fähigkeit, Probleme zu lösen. Schildern Sie eine schwierige Situation und bitten Sie die Bewerber, die wichtigen Punkte zu benennen.
ENTSCHEIDUNGSFINDUNG Wie gut kann der Bewerber schwierige Entscheidungen treffen, und wie schnell kann er sie anschließend umsetzen?	Fragen Sie nach bisherigen Erfahrungen. Welche schwierigen Entscheidungen mussten die Bewerber schon treffen? Wie kamen sie zu der Entscheidung?
SOZIAL Wird der Bewerber gut mit Vorgesetzten, Kollegen und Untergebenen auskommen, mit denen er zusammenarbeiten soll?	Fragen Sie nach den Erfahrungen der Bewerber mit Teamarbeit. Arbeiten sie lieber im Team oder allein? Fragen Sie, wie sie ein Problem mit einem Kollegen angehen würden.
KOMMUNIKATIV Wie gut kann der Bewerber klar, sicher und eindeutig kommunizieren?	Bewerten Sie die verbalen Fähigkeiten der Bewerber aufgrund des Einstellungsgesprächs, und fragen Sie nach ihren schriftlichen Fähigkeiten. Haben sie bereits Berichte verfasst?

CHARAKTER BEWERTEN

Die Einstellung des Bewerbers zu Kollegen und dem Arbeitsplatz wird durch seinen Charakter bestimmt, der sich auch auf die Beziehungen zu Kollegen und das Klima am Arbeitsplatz auswirkt.

Versuchen Sie zu beurteilen, ob ein Bewerber zur Kultur Ihres Unternehmens passt, und stellen Sie fest, wie die Arbeitskultur der bisherigen Firmen war, in denen der Bewerber gearbeitet hat. Eine Arbeitskultur, die den Teamgeist fördert, passt z. B. nicht zu jemandem, der ausgeprägten internen Wettbewerb gewohnt war. Hat der Bewerber immer in kleinen Firmen gearbeitet, wo jeder wusste, was sich tut? Wenn Ihr Unternehmen groß ist, wie wird er damit fertig, wenn er keine Einzelheiten vom Firmengeschäft und der Entscheidungsfindung kennt? Denken Sie außerdem an das Gleichgewicht zwischen den jetzigen Mitarbeitern. Brauchen Sie z. B. einen speziellen, vielleicht extrovertierten Typ als Ausgleich für ein eher introvertiertes Team oder umgekehrt?

WIE EIN BOTSCHAFTER HANDELN

Bedenken Sie: So wie Sie den Bewerber beurteilen, beurteilt er Sie und das Unternehmen, für das Sie arbeiten. In einigen Bereichen herrscht Personalknappheit, und in den Fällen müssen Sie sich anstrengen, wenn Sie erstklassige Bewerber gewinnen wollen. Wenn Sie einem Bewerber also zum ersten Mal begegnen, handeln Sie für Ihr Unternehmen wie ein Botschafter. Lassen Sie den Bewerber wissen, dass Sie weder Mühen noch Kosten scheuen, um den Richtigen für diese Stelle zu finden. Zeigen Sie, dass Ihnen wirklich daran liegt und dass der Bewerber ein geschätzter Mitarbeiter sein wird.

60 Registrieren Sie begeisterte Reaktionen – sie verraten, was den Bewerber motivieren kann.

FRAGEN AN EINEN BEWERBER

- **F** Was, glauben Sie, können Sie in diese Stelle einbringen?
- **F** Was halten Sie für die Hauptleistung in Ihrem Leben?
- **F** Worum geht es Ihnen bei einer Arbeit am meisten?
- **F** Wo sehen Sie sich in fünf Jahren?
- **F** Wie gehen Sie mit Termindruck um?
- **F** Arbeiten Sie gern im Team oder lieber allein an einem Projekt?
- **F** Wie würde Ihr bester Freund Sie beschreiben?

61 Geben Sie positives Feedback für ein intensives Gespräch.

EIN GESPRÄCH DIRIGIEREN

Bestimmen Sie mit Bedacht das Tempo eines Gesprächs, damit Sie in der geplanten Zeit alles Notwendige abhandeln können. Sie müssen einen Bewerber gegebenenfalls höflich antreiben, wenn er zu lange bei einem Gegenstand verweilt.

62 Nehmen Sie sich vor dem eigentlichen Gespräch Zeit für Smalltalk.

NICHT VERGESSEN

- Zuviel Reden am Anfang kann ein Zeichen für Nervosität sein.
- Anfängliches Stottern oder Verhaspeln deutet ebenfalls auf Lampenfieber hin.
- Direktes Eingehen auf die Sache zeigt, dass der Bewerber Ihnen genau zugehört hat.
- Es ist nicht unbedingt ein schlechtes Zeichen, wenn ein Bewerber Emotionen zeigt.

INFORMATIONSFLUSS STEUERN

Versuchen Sie während des Gesprächs, den Informationsfluss zu steuern. Geben Sie positives Feedback, um einen Bewerber dazu zu bewegen, über heikle Fragen zu reden. Wenn Sie mehr über eine bestimmte Situation erfahren wollen, sagen Sie z. B.: »Es muss Ihnen sehr schwer gefallen sein, diese Leute freizustellen.« Auch wenn Sie immer bemüht sein sollten, die meisten geplanten Fragen zu behandeln, klammern Sie sich nicht zu sehr daran. Manchmal zeigt etwas Unerwartetes, das ein Bewerber sagt, mehr als alle regulären Fragen.

SCHWEIGEN TAKTISCH EINSETZEN

Setzen Sie Schweigen in einem Gespräch taktisch ein. Dehnen Sie es nicht so weit aus, dass dem Bewerber unbehaglich wird, aber schweigen Sie, wenn ein Bewerber offensichtlich nach Worten sucht oder über eine Antwort nachdenkt. Registrieren Sie, wie ein Bewerber auf Schweigen reagiert – beeilt er sich, die Lücke mit hastigen, undurchdachten Bemerkungen zu schließen? Oder besitzt er die Sicherheit, sich Zeit für eine schlüssige Antwort auf eine schwierige Frage zu nehmen?

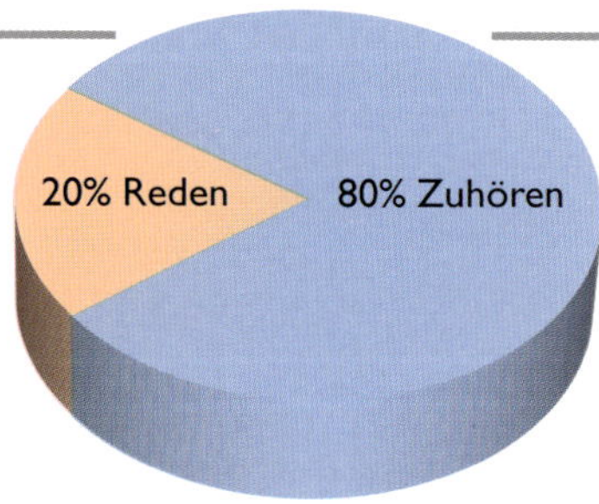

▲ **RICHTIG ZUHÖREN**
Sprechen Sie 20 Prozent der Zeit, und hören Sie den 80 Prozent zu, die der Bewerber reden sollte.

UMGANG MIT BEWERBERN

Bewerber mit gleicher Qualifikation unterscheiden sich in ihrem Wesen gewaltig – einer hat sich anscheinend in der Hand, ein anderer ist ein Nervenbündel. Sie können ihre jeweiligen Verdienste nur beurteilen, wenn Sie wissen, wie alle auf bestimmte Situationen reagieren. Stellen Sie allen Bewerbern in etwa die gleichen Fragen – testen Sie z. B. ihre Fähigkeit, Krisensituationen zu bewältigen –, um zu sehen, wie unterschiedlich sie reagieren. Wenn Bewerber nervös werden, versuchen Sie, sie zu beruhigen Stellen Sie eine andere Frage, die von dem Thema wegführt, das sie offenbar durcheinanderbringt.

63 Respektieren Sie Bewerber, die einräumen, dass sie etwas nicht wissen.

64 Wenn der Bewerber nervös wird, bleiben Sie ruhig.

▲ EINEN VERSTÖRTEN BEWERBER BERUHIGEN

Wenn es jemandem schwer fällt, etwas zu erklären, schneiden Sie ein anderes Thema an. Kommen Sie später auf den ursprünglichen Punkt zurück.

KÖRPERSPRACHE VERSTEHEN

Lernen Sie die Körpersprache verstehen. Sie kann ebenso viel über Menschen verraten wie die Worte. Körpersignale zu lesen ist für einen Gesprächsleiter besonders nützlich – die Körpersprache eines Bewerbers kann schwer ausweichen oder lügen.

65 **Spiegeln Sie die Körperhaltung, um eine gute Beziehung herzustellen.**

66 **Lernen Sie, die Körpersprache anderer automatisch wahrzunehmen.**

BEWERBER BEOBACHTEN

Beobachten Sie die Körpersprache eines Bewerbers, wenn er redet. Passen die Worte, die er spricht, zur Körperhaltung? Ist er z. B. zusammengesunken und defensiv, während er gleichzeitig erklärt, gut mit Menschen umgehen zu können? Beobachten Sie vor allem die Augen des Bewerbers. Weichen sie zuweilen unbewusst aus, wenn Sie mit Blickkontakt rechnen?

DIE EIGENE KÖRPERSPRACHE BEHERRSCHEN

Seien Sie sich Ihrer eigenen Körpersprache bewusst, und vermeiden Sie, widersprüchliche Signale auszusenden. Bestimmte Haltungen und Gesten des Gesprächsleiters können negativ wirken und einen Bewerber davon abhalten, weitere Informationen preiszugeben.

▲ **LANGEWEILE**
Gähnen erweckt den Eindruck der Langeweile. Es kann jedoch auch auf Nervosität beruhen.

▲ **ABWESENHEIT**
Mit den Händen zu spielen oder starr zu blicken kann bedeuten, dass Sie an andere Dinge denken.

▲ **UNGEDULD**
Wenn Sie oft auf die Uhr sehen, wirkt das, als wären Sie gern woanders, auch wenn es nicht so ist.

▲ **GUTE BEZIEHUNG**
Diese beiden Personen harmonieren offenbar miteinander. Ihre Körpersprache ist rundherum offen, gelöst und aufmerksam.

POSITIVE SIGNALE

Wer über das ganze Gesicht strahlt, sendet ein sehr positives Signal aus; wer gebannt auf den Boden starrt, sendet ein sehr negatives Signal aus. Positive Signale sind jedoch nicht immer so offenkundig. Wer selbstsicher ist, wird meistens aufrecht sitzen oder den Körper leicht vorbeugen, auch wenn er mit seinem möglichen künftigen Chef spricht. Wenn ein selbstsicherer Bewerber nicht redet, bleiben seine Beine und Arme meistens ruhig, und er sieht sein Gegenüber häufig und fest an.

Ein Handschlag mit einem Bewerber kann einen direkten Eindruck von seiner Verfassung vermitteln. Wenn er gelöst ist, ist seine Hand warm und trocken. Kalte, feuchte Hände lassen dagegen auf Nervosität schließen.

KULTURELLE UNTERSCHIEDE

Andere Kulturen haben andere körpersprachliche Normen. In einigen Kulturen sind die Menschen offen und ohne Berührungsängste, selbst Fremden gegenüber. In anderen fühlen sie sich bedrängt, wenn man zu dicht bei ihnen sitzt oder steht.

NICHT VERGESSEN

- Nervosität – und Gähnen – können anstecken, Sie sollten also daran denken, dass ein Bewerber vielleicht auf Ihre eigene Körpersprache reagiert.
- Die Körpersprache eines Bewerbers kann dem, was er verbal ausdrückt, widersprechen.
- Langsam sprechen deutet zumeist auf Gelöstheit hin. Schnelles Sprechen kann Zeichen von Nervosität oder großer Begeisterung sein.

VERSTECKTE ZEICHEN

Es gibt viele versteckte Hinweise auf die Verfassung eines Menschen. Achten Sie auf die Haltung des Körpers, der Arme und Beine und auf die Augen. Beachten Sie auch die Stimme. Sie hat großen Einfluss darauf, wie jemand wahrgenommen wird. Wenn Sie eine Stelle besetzen möchten, deren Inhaber mit der Presse umgehen muss, denken Sie daran, dass jemand mit piepsiger Stimme sich schwer tun wird, Beachtung zu finden. Vielleicht ist der Ton aber nur bei dieser Gelegenheit dünn, weil der Bewerber aufgeregt ist.

NERVÖSE SIGNALE

Entwickeln Sie die Fähigkeit, Nervosität zu erkennen. Übliche Anzeichen sind mit dem Fuß wippen, Nase oder Lippen mit dem Handrücken reiben, unruhige Finger und Hände, die mit einem Stift spielen oder eine Serviette zerreißen. Macht ein Bewerber etwas Derartiges, ist er wahrscheinlich sehr nervös. Achten Sie auch darauf, ob jemand zu oft lächelt – es kann der übersteigerte Wunsch nach Akzeptanz sein. Ist ein Bewerber unfähig, Blickkontakt herzustellen und zu halten, können Sie davon ausgehen, dass er sich unwohl fühlt. Nehmen Sie solche Beobachtungen aber nur als Hinweise, die Sie auf beachtenswerte Punkte aufmerksam machen.

67 Achten Sie auf Handbewegungen – sie können viel verraten.

68 Hören Sie auf die Stimme – bei Nervosität wird sie höher.

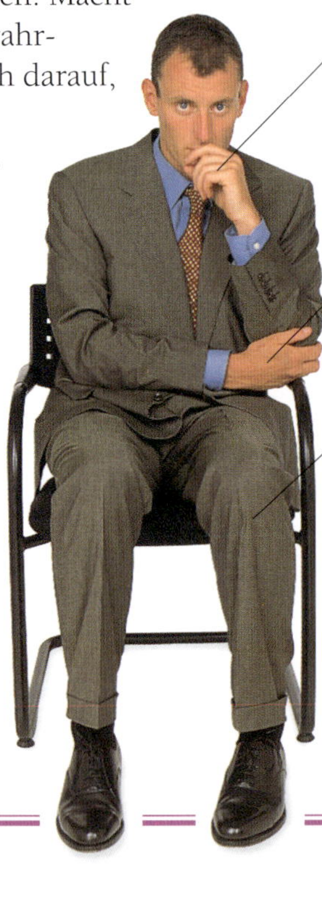

Lippen werden unbewusst berührt, eine Form des Trost Suchens.

Hände werden abwehrend vor den Körper gehalten.

Beine sind verkrampft.

◀ **NERVÖSER BEWERBER**
Die Stellung der Füße dieses Bewerbers lässt auf Unbehaglichkeit schließen. Bestärkt wird das durch die Haltung der Hände: Eine Hand berührt die Lippen, die andere umschließt den Körper.

AUSWEICHEN ERKENNEN

Achten Sie auf Anzeichen, dass ein Bewerber einer Frage auszuweichen sucht – weil er die Antwort nicht weiß oder die Antwort etwas enthüllen könnte, was er lieber verbirgt. Folgende Signale sind verräterisch:

- Blickkontakt vermeiden.
- Um eine Frage herumreden und in Fachsprache verfallen, um zu beeindrucken.
- Herumzappeln, mit den Haaren oder irgendeinem Gegenstand spielen.

◀ **BEWERBER WEICHT AUS**
Die Haltung dieses Bewerbers deutet auf Unbehagen hin. Körper und Beine sind verkrampft, er spielt mit den Händen und vermeidet Blickkontakt.

ÜBERHEBLICHKEIT ERKENNEN

Die meisten Bewerber sind bei Einstellungsgesprächen aufgeregt und müssen beruhigt werden, einige sind jedoch allzu selbstbewusst bis hin zur Überheblichkeit. Sie reden eher, statt zuzuhören, und sie reden so viel, weil sie sich gern reden hören. Sie verhalten sich so, weil sie sich entweder zu gut für die Stelle vorkommen oder mangelndes Selbstbewusstsein kompensieren wollen. So oder so, bremsen Sie solche Bewerber durch ein förmliches Gespräch und stellen Sie ihnen mehrere rasche, schwierige Fragen. Entweder sind sie der Sache gewachsen – oder sie werden defensiv.

ÜBERHEBLICHER BEWERBER ▶
Die Körpersprache des Bewerbers lässt Arroganz erkennen. Er sitzt übertrieben selbstbewusst, seine Armbewegungen sind ausladend.

TESTS DURCHFÜHREN

Es gibt zahllose Tests zur Beurteilung der Fähigkeiten eines Bewerbers – sei es ihrer Intelligenz oder bestimmter Fachkenntnisse. Auch Gruppengespräche und Rollenspiele sind beliebte Methoden, die Qualifikation eines Bewerbers zu testen.

69 Verwenden Sie nur Tests, die aus anerkannten Quellen stammen.

NICHT VERGESSEN

- Tests sollen das direkte Gespräch nicht ersetzen, sondern ergänzen.
- Persönlichkeitstests ergeben ein Profil der wichtigsten Eigenschaften eines Bewerbers, sagen Ihnen aber nicht, ob er sich auf dem Posten bewähren wird.
- Sie können sich Persönlichkeitstests speziell für Ihr Unternehmen erstellen lassen oder sie »von der Stange« kaufen.
- Für die meisten Persönlichkeitstests müssen die Mitarbeiter eigens geschult werden, damit sie die Ergebnisse richtig interpretieren.

VOR DEM TEST

Wenn Sie die Bewerber einem schriftlichen oder praktischen Test unterziehen wollen, teilen Sie ihnen das vorher schriftlich mit. Erläutern Sie die Kriterien, nach denen die Beurteilung erfolgt. Entscheiden Sie sich bei der Wahl der Tests für die, die wirklich Bezug zur freien Stelle haben. Sorgen Sie stets dafür, dass sie genau unter den vereinbarten Bedingungen durchgeführt werden – unsachgemäß durchgeführte Tests können unter Umständen strafrechtliche Folgen haben. Wenn in Ihrem Unternehmen regelmäßig Tests durchgeführt werden sollen, sollte das beim Einstellungsgespräch erwähnt werden.

EIGNUNGSTESTS

Eignungstests sind relativ einfache schriftliche Tests, die Fertigkeiten wie Lesen, Schreiben, Ausdrucksfähigkeit und Zahlengedächtnis prüfen. Sie besitzen eine eingebaute »Betrugssicherung« und vermitteln ein sehr genaues Bild der individuellen Fähigkeiten. Wenn Sie Antwort von vielen geeigneten Bewerbern bekommen, unterziehen Sie sie einigen Eignungstests, um die Liste zeitsparend zu kürzen. Sorgen Sie für ein geeignetes Umfeld zur Durchführung der Tests, da sie unter kontrollierten Bedingungen erfolgen sollten.

70 Aktualisieren Sie die Tests, die Sie verwenden.

71 Lesen Sie Testergebnisse ganz, nicht Frage für Frage.

PERSÖNLICHKEITSTESTS

Der Begriff »Persönlichkeitstest« wird allgemein für eine Reihe mündlicher, visueller und schriftlicher Tests verwendet. Sie beruhen auf der Überzeugung, dass persönliche Merkmale messbar sind und bestimmte Eigenschaften mit dem Erfolg am Arbeitsplatz zusammenhängen. Für solche Tests müssen Sie klare Vorstellungen vom Anforderungsprofil haben und den Personentyp, der zur freien Stelle passen könnte, beschreiben können.

72 **Lassen Sie handschriftliche Bewerbungen von einem Graphologen prüfen.**

PSYCHOMETRISCHE TESTS

Psychometrische Tests, eine Form des Persönlichkeitstests, werden zur Beurteilung der geistigen Fähigkeiten eines Bewerbers angewandt. Als Arbeitgeber wenden Sie dieses Verfahren an:

- Um festzustellen, wie oft ein Bewerber in bestimmte Verhaltensweisen verfällt.
- Um Fähigkeit zur Selbstbeobachtung zu prüfen.
- Um zu sehen, wie jemand in bestimmten vorgegebenen Situationen reagiert.

73 **Verwenden Sie psychometrische Tests nur zur Untermauerung anderer Tests.**

HANDSCHRIFTEN ANALYSIEREN

Viele größere Institutionen beschäftigen Graphologen, um die handschriftlichen Unterlagen von Bewerbern deuten zu lassen. Beurteilen Sie das Ergebnis eines solchen Tests nicht isoliert, sehen Sie es zusammen mit dem Urteil, das Sie während des Einstellungsgesprächs gewonnen haben.

SCHRIFT ANALYSIEREN ▶

Enthalten Sie sich bei der Analyse der Handschrift eines Bewerbers jeder subjektiven Wertung – setzen Sie immer auf das Urteil eines Fachgraphologen.

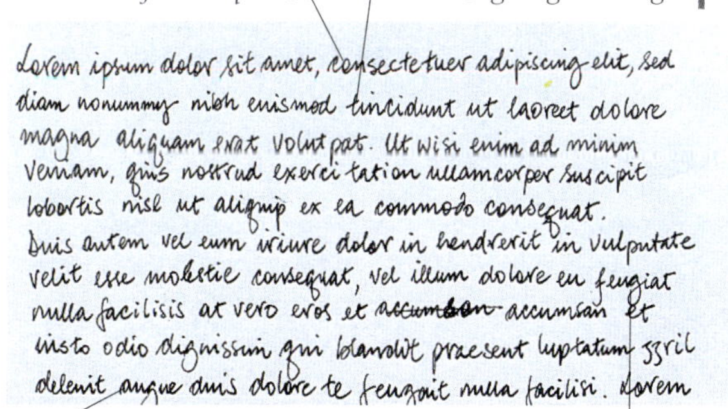

FACHLICHE TESTS

Führen Sie eventuell ein Gruppengespräch, wenn Sie eine freie Stelle haben, die einen Test der Bewerber auf ihr Fachwissen erfordert. Legen Sie vorher fest, wer aus der Gruppe zu welchem Gebiet Fragen stellt – Sie könnten sich auf den Lebenslauf konzentrieren, während Ihre Kollegen gezielt technische Fragen stellen. Der Druck bei solchen Gesprächen ist enorm und offenbart häufig einen Mangel an Erfahrung.

NICHT VERGESSEN

- Jeder Fragesteller sollte Fragen zu einem bestimmten Gebiet stellen.
- Gruppengespräche sind für Bewerber einschüchternder als Gespräche unter vier Augen.
- Bewerber aus dem eigenen Haus sind vielleicht nicht so nervös wie Bewerber von außen.

▲ **TEST IN DER GRUPPE**
Wenn Sie Gesprächsleiter sind, behalten Sie das Gespräch im Griff und lassen Sie keine Abschweifungen der Fragesteller vom Testziel zu. Allein die Kenntnisse des Bewerbers stehen zur Diskussion.

74 Fragen Sie interne Bewerber, warum sie sich verändern wollen.

INTELLIGENZTESTS

Der IQ-Test wird heute überwiegend für den Vergleich von Schulkindern angewandt. Als Arbeitgeber können Sie sich einiger differenzierterer Methoden zum Messen des verbalen, abstrakten und rechnerischen Denkens bedienen, die speziell für den Einsatz am Arbeitsplatz entwickelt worden sind. Hoch geschätzt ist international der GMAT (Graduate Management Admission Test), der Voraussetzung für den Zugang zu den meisten Business Schools ist.

Situationstests

Wenn man Bewerber in eine gestellte Arbeitssituation bringt, kann man beurteilen, wie sie am Arbeitsplatz reagieren. Führen Sie Situationstests erst in der Schlussphase des Einstellungsgesprächs durch, wenn nur noch wenige Kandidaten für die Auswahlliste übrig sind. Selbst wenn der Test sehr realistisch ist, kann er nicht die Beziehungen zwischen einzelnen Kollegen simulieren, die sich erst bei der Arbeit entwickeln müssen.

75 Informieren Sie Bewerber, wenn Sie Tests durchführen wollen.

Der richtige Test für ein Einstellungsgespräch

Testarten	Das sollten Sie bedenken
Eignungstest Misst allgemeine Fähigkeiten wie rechnerische, schriftliche, verbale und schlussfolgernde Fähigkeit.	• Er eignet sich ganz zu Beginn der Auswahl und der Gespräche. • Er muss in einem kontrollierten Umfeld durchgeführt werden, etwa einem ruhigen Konferenzraum.
Persönlichkeitstest Bewertet Eigenschaften. Hierfür werden häufig psychometrische Tests verwendet.	• Er eignet sich für schwierige Posten, im diplomatischen Dienst oder in einer Reklamationsabteilung. • Dieser Test ist zeitaufwendig und muss in einem kontrollierten Umfeld durchgeführt werden.
Handschrift Bewertet Persönlichkeitsaspekte mit Hilfe charakteristischer Eigenschaften der Handschrift.	• Graphologische Beurteilungen sind nur zusammen mit anderen Tests und Erkenntnissen sinnvoll. • Man braucht mehrere Proben, weil die Handschrift sich unter Stress ändern kann.
Fachlicher Test Erkundet fachliche Fähigkeiten und besondere Kenntnisse für spezifische Aufgaben.	• Er ist erst in einem späteren Stadium des Gesprächsverlaufs sinnvoll. • Er kann zeitaufwendig sein und den Bewerbern entgegenkommen, die auf ihrem Gebiet erfahren sind.
Intelligenztest Vergleicht das Ergebnis eines (Hoch-)Schulabgängers mit den Durchschnittswerten.	• Er eignet sich nur, wenn einige der Kandidaten frisch von der (Hoch-)Schule kommen. • Er nützt dort, wo Firmen viele ähnlich qualifizierte junge Bewerber für eine allgemeine Schulung sondieren.
Situationstest Versetzt Bewerber in eine Arbeitssituation, die sich auf die Stelle bezieht.	• Er ist vor allem für die Jobs von Bedeutung, wo die Arbeitsbeziehungen keine hohe Priorität besitzen. • Er eignet sich nicht für eine Vorauswahl, sondern erst in einem späteren Stadium der Einstellungsgespräche.

EIN GESPRÄCH BEENDEN

Jedes Einstellungsgespräch sollte zu einem höflichen und nicht überhasteten Ende gebracht werden – auch wenn Sie einen Bewerber für ungeeignet halten. Wie Sie das Gespräch führen, wird beim Bewerber einen bleibenden Eindruck hinterlassen.

76 Sagen Sie Bewerbern, wie viele Gesprächstermine Sie noch haben.

FRAGEN ERBITTEN

Fragen Sie den Bewerber gegen Ende des Gesprächs, ob er Fragen hat. Wenn er sich die Mühe gemacht hat, sich über Ihr Unternehmen zu informieren, wird er wenigstens eine interessante Frage haben.Die meisten Fragen ergeben sich allerdings spontan aus dem Gespräch. Dabei geht es oft um Einzelheiten des Arbeitsplatzes und seine Aussichten. Bereiten Sie sich gut vor, damit Sie die berechtigten Fragen beantworten können. Sie können daraus, wie Bewerber Fragen stellen, einiges erfahren: Wer z. B. mit »Ich weiß, das ist eine dumme Frage, aber...« beginnt, neigt wahrscheinlich dazu, sich unter Wert zu verkaufen, und wird in Ihrem Unternehmen wohl kaum ein selbstbewusstes Bild abgeben.

77 Seien Sie das ganze Gespräch hindurch aufgeschlossen.

78 Geben Sie Bewerbern die Chance, ihre Bewerbung zurückzuziehen.

ZU FRAGEN ERMUNTERN

Wenn einem Bewerber keine Fragen einfallen und Sie ihn nicht für geeignet halten, danken Sie ihm und beenden das Gespräch. Ansonsten fassen Sie die im Gespräch behandelten Punkte zusammen, um zu einer Frage anzuregen, oder schlagen selbst Fragen vor:

„Kann ich Ihnen noch irgendetwas über die Struktur der Abteilung sagen?“

„Sie schienen mir wegen der Schulung beunruhigt. Möchten Sie darüber noch etwas wissen?“

„Gibt es irgendetwas, was Ihnen noch nicht klar ist und was Sie gern wüssten?“

ZUM ENDE KOMMEN

Prüfen Sie am Ende eines Gesprächs, ob Sie alles über die Bewerber erfahren haben, was Sie wissen müssen. Stellen Sie fest, welche Kündigungsfristen sie haben. Sagen Sie ihnen, wann Sie sich wieder melden, falls Sie ein weiteres Gespräch führen möchten, und ob das telefonisch oder schriftlich geschieht. Bitten Sie gegebenenfalls darum, sich bei Ihnen zu melden, falls sie bis zum genannten Zeitpunkt nichts von Ihnen gehört haben. Nehmen Sie Rücksicht auf die Gefühle der Bewerber, und geben Sie ihnen ehrlich und ausführlich Anweisungen oder Informationen.

BEWERBER DANKEN ▶

Erheben Sie sich, um anzudeuten, dass das Gespräch beendet ist. Danken Sie Bewerbern für ihr Kommen und geben Sie ihnen die Hand. Das gehört sich so, selbst wenn Ihnen klar ist, dass jemand nicht in Frage kommt.

79 Achten Sie stets die Würde und Selbstachtung eines Bewerbers.

SPONTANES ANGEBOT

Vielleicht sind Sie am Ende eines Gesprächs sicher, soeben den idealen Bewerber kennen gelernt zu haben. Riskieren Sie nicht, ihn zu verlieren – fragen Sie ihn sofort, ob er an der Stelle wirklich interessiert ist, und machen Sie ihm, wenn er bejaht, ein provisorisches Angebot. Das ist in vielen Branchen nicht üblich, aber es ist oft ratsam, seinem Instinkt in bestimmten Situationen zu folgen. Achten Sie jedoch darauf, dass Ihre Entscheidung durchdacht ist und Sie sich nicht von einer Augenblicksstimmung haben mitreißen lassen.

GESPRÄCHE AUSWERTEN

Nach dem Einstellungsgespräch prüfen Sie die gesammelten Informationen. Nutzen Sie dieses Wissen, um zu einer Entscheidung zu kommen.

EINDRUCK FESTHALTEN

Nach mehreren Gesprächen ist es unvermeidlich, dass sich die Eindrücke allmählich vermischen. Machen Sie sich Notizen, sobald ein Bewerber gegangen ist, damit Sie die Besonderheiten der einzelnen Kandidaten auseinanderhalten können.

80 Wenn Sie bei Bewerbern im Zweifel sind, fragen Sie Ihren Instinkt.

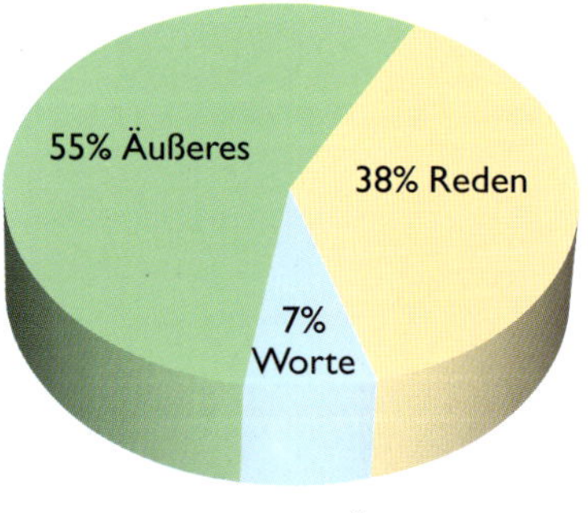

▲ **ERSTE EINDRÜCKE**
Der erste Eindruck wird zu etwa 55 Prozent durch das Äußere bestimmt, zu 38 Prozent durch die Art, wie jemand redet, und nur zu 7 Prozent durch die Inhalte.

AUF INSTINKTE ACHTEN

Instinkte sind ein starkes und nützliches Instrument und sollten nicht übergangen werden. Sie gründen darauf, dass man jahrelang unbewusst Informationen aus seinen Erfahrungen gezogen hat, und liefern wertvolle Hinweise. Halten Sie immer Ihre ersten Eindrücke von dem Bewerber fest, weil Ihre Instinkte da noch hellwach sind. Auch wenn der erste Eindruck stark vom Äußeren und der Art eines Bewerbers abhängt, fragen Sie sich, ob Sie weitere starke Eindrücke erhalten haben. Hat seine Haltung Sie beeindruckt, oder machte er einen zuverlässigen Eindruck?

81 **Urteilen Sie nicht voreingenommen über einen Bewerber.**

VORURTEILE VERMEIDEN

Lassen Sie bei der Bewertung eines Gesprächs nicht zu, dass Vorurteile aufgrund der Stellung, des Geschlechts, der Religion oder Nationalität Ihr Urteil über Personen beeinflussen. Vermeiden Sie z. B. die Annahme, dass jemand, der dieselbe Hochschule wie Sie besucht hat, jemand anderem überlegen ist. Achten Sie außerdem auf eingebaute Vorurteile in Ihren Tests: Viele Tests verwenden eine einzige soziale Gruppe als Maßstab.

MEINUNGEN EINHOLEN

Es lohnt immer, weitere Ansichten einzuholen. Wenn z. B. einer Ihrer Kollegen einen Bewerber schon einmal befragt hat, sprechen Sie mit ihm über seine Eindrücke und eventuell abweichende Einschätzungen. Wenn Sie das Einstellungsgespräch jedoch als Einziger führen, empfiehlt es sich, Arbeitskollegen, die den Bewerber kurz kennen gelernt haben, nach ihrem Eindruck zu fragen. Fragen Sie auch Mitarbeiter, wie sie den Bewerber sehen: War er höflich, ruhig, fahrig oder aufgeregt? Vergleichen Sie diese Eindrücke mit den eigenen, um ein vollständigeres Bild zu bekommen.

82 **Stellen Sie sich vor, wie es ist, als Bewerber vor der Tür zu stehen.**

DIE EMPFANGSDAME FRAGEN ▶
Fragen Sie die Mitarbeiter am Empfang, welchen Eindruck der Bewerber auf sie gemacht hat. Ihre Meinung ergänzt vielleicht Ihr Bild von der Persönlichkeit und Eignung eines Kandidaten.

AUSWAHLLISTE ERSTELLEN

Wenn Sie sich ein Bild von sämtlichen Bewerbern Ihrer Auswahl gemacht haben, erstellen Sie eine Liste der Leute, die zu einem weiteren Gespräch eingeladen werden. Diese Liste sollte im Idealfall zwischen drei und sechs Personen umfassen.

83 Informieren Sie Bewerber, bevor Sie Erkundigungen über sie einholen.

NOTIZEN ÜBERPRÜFEN

Gehen Sie alle Ihre Notizen noch einmal durch – diejenigen, die Sie während des Gesprächs gemacht haben, und die Aufzeichnungen über Ihre Eindrücke und Gedanken, die Sie nachher festgehalten haben. Markieren Sie Anmerkungen über die Qualifikation und Person des Bewerbers mit unterschiedlichen Farben, z. B. Blau für Computerkenntnisse, Grün für einschlägige Erfahrung und Rot für Eigenschaften. Das vermittelt einen Gesamteindruck von den Stärken und Schwächen der Bewerber. Bewerten Sie alle Bewerber so. Nehmen Sie nur die besten in die engere Wahl.

84 Bewahren Sie den Lebenslauf zusammen mit Ihren Notizen und Eignungsbögen auf.

BEWERBER VERGLEICHEN

Nun müssen Sie die Bewerber mit Ihrem Wunschkandidaten vergleichen. Nehmen Sie dazu einen leeren Eignungsbogen und unterteilen Sie Ihre Kriterien in solche, die der Bewerber vorweisen muss, und jene, die eine willkommene Dreingabe sind. Prüfen Sie dann anhand der für jeden Bewerber angelegten Eignungsbögen, welche Bewerber die unbedingt erforderlichen Eigenschaften besitzen. Die übrigen scheiden aus. Gehen Sie die Restliste durch, und stellen Sie fest, wie viele »Dreingaben« jeder Bewerber mitbringt. Gewichten Sie diese (zusätzlichen) Eigenschaften nach ihrer Bedeutung für die freie Stelle und erstellen Sie eine Rangliste.

85 Legen Sie für jeden Kandidaten einen Ordner an.

86 Erstellen Sie die Auswahlliste erst, wenn alle Bewerber da waren.

DIE AUSWAHLLISTE

Notizen über praktische Erfahrung prüfen

↓

Lebenslauf und Eignungsbogen rekapitulieren

↓

Mit Kollegen besprechen und beraten

↓

Wer passt am besten zur Firmenkultur?

↓

Auswahlliste für zweites Gespräch erstellen

BEWERBER IN DER ENGEREN WAHL

Wenn Sie eine Rangfolge aller geeigneten Bewerber haben, erstellen Sie die Auswahlliste mit den fünf oder sechs Topkandidaten. Die möglichst kurze Auswahlliste sollte nur die Bewerber umfassen, die zu einem zweiten Gespräch eingeladen werden. Verteilen Sie die Auswahlliste, zusammen mit einer kurzen Zusammenstellung der wichtigsten Eigenschaften jedes Bewerbers, an die anderen Gesprächsteilnehmer oder die Geschäftsleitung.

Entscheiden Sie, ob Referenzen jetzt oder nach dem zweiten Gespräch überprüft werden. Das kann langwierig sein, sollte aber möglichst früh geschehen – es ist ärgerlich, jemanden in die engere Wahl zu nehmen, um hinterher festzustellen, dass er bisher wenig geleistet hat. Informieren Sie Bewerber immer, bevor Sie Erkundigungen einholen. Wenn sie das z. B. beim jetzigen Arbeitgeber tun, kann das den Arbeitsplatz gefährden.

87 Stecken Sie Ihre wichtigen Bedingungen nie zurück.

ERNEUT INSERIEREN ODER ANFORDERUNGEN ÄNDERN

Wenn keiner der Bewerber geeignet ist, haben Sie zwei Möglichkeiten: Sie können noch einmal – vielleicht in anderen Medien – inserieren, um bessere Bewerber zu interessieren. Sie können aber auch das Anforderungsprofil ändern – indem Sie z. B. einige Bereiche umverteilen – und dann schauen, ob sich jemand für die abgeänderte Stelle findet.

NICHT VERGESSEN

- Perfekte Bewerber gibt es nicht.
- Gibt es sicherheitsrelevante Fragen (z. B. bei einer Bank), sollten Referenzen früh überprüft werden.
- Einzelne Persönlichkeitsaspekte eines Bewerbers sollten nicht zu hoch bewertet werden.
- Ausführliche Gesprächsnotizen erleichtern das Erstellen einer Auswahlliste.

WEITERFÜHRENDE GESPRÄCHE

Wenn Sie Bewerber zu einem zweiten Gespräch einladen, hat es wenig Sinn, auf die gleiche Weise vorzugehen wie beim ersten Mal. Bevor Sie jedoch ein neues Gesprächskonzept entwerfen, sollten Sie wissen, was Sie erfahren wollen.

88 **Übernehmen Sie die Reisekosten für alle Vorstellungsgespräche.**

EIGENE ABSICHTEN PRÜFEN

Ein zweites Gespräch kann folgende Ziele haben:

- Den Bewerber den Vorgesetzten und anderen Mitarbeitern des Unternehmens vorzustellen.
- Den Bewerber besser kennen zu lernen und ihm weitere Fragen zu stellen.
- Den Bewerber erneut mit anderen Kandidaten der Auswahlliste zu vergleichen und einen »Sieger« zu finden.
- Den Bewerber anderen Tests zu unterziehen.

89 **Erkundigen Sie sich zunächst, ob der Bewerber noch interessiert ist.**

BEWERBER ERNEUT ANRUFEN

Wenn Sie Bewerber anrufen, um sie um ein zweites Gespräch zu bitten, vergewissern Sie sich, dass sie noch interessiert sind. Seien Sie diskret, wenn Sie anrufen, und berücksichtigen Sie eine eventuell unangenehme Situation an ihrem jetzigen Arbeitsplatz. Beim zweiten Mal ist es vermutlich schwieriger, ein Gespräch anzuberaumen, weil Sie wahrscheinlich mehr Personen dazu bitten müssen – Mitarbeiter aus der Personalabteilung, Kollegen oder Vorgesetzte. Außerdem werden Sie die Gespräche kurz hintereinander führen wollen, damit man die Bewerber besser vergleichen kann, solange man sie noch frisch in Erinnerung hat.

▲ **DISKRET VERHALTEN**
Wenn Sie Bewerber anrufen, um sie zu einem weiteren Gespräch einzuladen, fragen Sie, ob sie ungestört sprechen können.

ENTSCHEIDEN, WO NACHGEFASST WERDEN SOLL

Auch wenn Sie das Gefühl haben, dass einige Gebiete beim ersten Gespräch nicht ausreichend behandelt wurden, sollten Sie das zweite Gespräch doch dafür nutzen, den Bewerber gegen die anderen auf der Auswahlliste zu testen. Gehen Sie vergleichend auf die individuellen Stärken und Schwächen ein. Hier kann es auch angezeigt sein, die Zukunftspläne und Ambitionen eines Bewerbers zu ergründen. Wenn Sie andere Personen zu dem Gespräch hinzuziehen wollen, entscheiden Sie sich für Kollegen mit Spezialkenntnissen. Ein Geschäftsführer z. B. hat viel Erfahrung darin, zu beurteilen, was ein Bewerber insgesamt für das Unternehmen leisten könnte.

90 Richten Sie eine Ablage für die Lebensläufe aller Bewerber ein.

91 Legen Sie fest, wer welchen Fragenkomplex abdeckt.

DIE GESPRÄCHSTEILNEHMER DER ZWEITEN RUNDE

TEILNEHMER	DAS SOLLTEN SIE BEDENKEN
 **KOLLEGE** Ein vielleicht enger Mitarbeiter des neuen Stelleninhabers.	• Kollegen wissen genau, worum es bei der Stelle geht, und deshalb auch, welcher Bewerber sich wahrscheinlich am besten dafür eignet. • Kollegen müssen vielleicht eng mit dem Bewerber zusammenarbeiten. Sie sollten prüfen, ob sie gut miteinander auskommen.
 **PERSONALCHEF** Ein Spezialist in Personalfragen.	• Die Personalabteilung hat meistens die geschicktesten Mitarbeiter für Einstellungsgespräche. • Die Personalabteilung kann neutral und systematisch beim Auswahlverfahren sein, weil sie für Gewinne und Verluste von Personal im ganzen Unternehmen verantwortlich ist.
 **GESCHÄFTSFÜHRER** Erfahren im Beurteilen möglicher neuer Mitarbeiter.	• Die Anwesenheit eines Geschäftsführers schmeichelt dem Bewerber, weil die Bewerbung offensichtlich bis in die Führungsetage hinein Beachtung findet. • Ein Mitglied der Geschäftsführung kann seine große Erfahrung und Kenntnisse der Unternehmensinteressen einbringen.

BEWERBER UND STELLE ABSTIMMEN

Ein zweites Einstellungsgespräch ist die letzte Chance zu entscheiden, welcher Bewerber der Richtige ist. Sie müssen alles aus den Gesprächen herausholen, damit Sie die Bewerber vergleichen können. Vielleicht geben Sie ihnen als Test eine echte Aufgabe.

92 **Fragen Sie den Bewerber, wann sein Referenzgeber zu erreichen ist.**

93 **Denken Sie daran, dass Empfehlungen oft subjektiv sind.**

WEITERE GESPRÄCHE FÜHREN

Denken Sie daran, dass Sie nach einem Bewerber für eine spezielle Aufgabe suchen. Sie müssen die Fähigkeiten des Bewerbers und die Anforderungen der Stelle aufeinander abstimmen. Wenn Sie Bewerber testen, überlegen Sie genau, auf welche Aspekte der Aufgaben hin Sie testen wollen. Gestalten Sie den Test so realistisch wie möglich.

BEWERBER TESTEN ▼
Nutzen Sie die zweite Gesprächsrunde zum Test der Bewerber auf einem arbeitsbezogenen Spezialgebiet.

Bewerber beweist Computerkenntnisse.

Gesprächsleiterin überwacht Computertest, den sie selbst erarbeitet hat

Qualifikation berechnen

- **Die 10 wichtigsten Anforderungen nach Priorität ordnen**
- ↓ **Jeder Anforderung einen Wert von 10 bis 1 zuordnen**
- ↓ **Die jeweiligen Fähigkeiten der Bewerber von 10 bis 1 ordnen**
- ↓ **Die beiden Ergebnisse für jede Anforderung addieren**
- ↓ **Die Gesamtpunktzahl jedes Bewerbers berechnen**
- ↓ **Die beiden mit der höchsten Punktzahl sind Ihre erste und zweite Wahl.**

95 Eine gute Eigenschaft hebt schwere Mängel nicht auf.

94 Bitten Sie die Bewerber, Unstimmigkeiten zwischen ihren Aussagen und Referenzen zu erklären.

Referenzen prüfen

Wenn Sie die Referenzen eines Bewerbers in diesem Stadium prüfen, machen Sie sich eine Liste mit Fragen – z. B. über die Pünktlichkeit des Bewerbers und seine Fähigkeit, Termine zu halten. Prüfen Sie zuerst arbeitsbezogene Referenzen und auch, ob sie aktuell sind. Erkunden Sie, wie lange der Referenzgeber den Bewerber kannte und in welcher Eigenschaft. Fassen Sie bei schriftlichen Referenzen mündlich nach und sprechen Sie über die Stärken und Schwächen des Bewerbers. Fragen Sie nach privaten Interessen des Bewerbers. Was genau besagt das angegebene »soziale Engagement«? Ist es dem Kandidaten ein echtes Anliegen? Wie viel Zeit investiert er dafür?

Eine Wahl treffen

Benutzen Sie für die Auswahl des besten Bewerbers die Tabelle links, um eine erste und zweite Wahl aufgrund der Qualifikation zu treffen. Vergleichen Sie die Punktzahlen der Bewerber für die Arbeitsanforderungen mit Ihren persönlichen, auch intuitiven, Eindrücken. Diese werden zum Teil davon abhängen, ob Sie bezüglich einzelner Bereiche zufriedenstellende Antworten bekommen haben. Wenn Kollegen bei der zweiten Gesprächsrunde dabei waren, fragen Sie nach deren Meinung. Ihre endgültige Entscheidung sollte fachliche und persönliche Eigenschaften der Bewerber berücksichtigen. Wenn Sie nicht die volle Entscheidungsbefugnis haben, präsentieren Sie dem entsprechenden Vorgesetzten Ihre erste und zweite Wahl.

DAS ENDGÜLTIGE ANGEBOT

Wie zufrieden und erleichtert Sie auch sein mögen, den idealen Bewerber für die freie Stelle gefunden zu haben, widmen Sie sich eingehend den Einzelheiten des Angebots. Unterbreiten Sie das Angebot mündlich und bestätigen Sie es dann schriftlich.

96 **Besprechen Sie die Einzelheiten des Angebots mit dem neuen Mitarbeiter.**

97 **Bieten Sie ein angemessenes und faires Gehalt.**

98 **Bestätigen Sie das mündliche Angebot schriftlich.**

STELLE MÜNDLICH ANBIETEN

Bieten Sie eine Stelle zunächst mündlich an – entweder sofort nach dem zweiten Gespräch oder telefonisch. Erläutern Sie die Nebenleistungen, die die Position umfasst, und geben Sie dem Bewerber Zeit, Fragen zu stellen. Lehnt er das mündliche Angebot ab, fragen Sie ihn, ob das verhandelbar ist. Bleibt er bei der Ablehnung, wenden Sie sich der zweiten Wahl zu. Vielleicht wird Ihr Wunschkandidat jetzt zu seinem gegenwärtigen Arbeitgeber gehen und ihn auffordern, sich Ihrem finanziellen Angebot anzupassen.

SCHRIFTLICH BESTÄTIGEN

Wird Ihr mündliches Angebot angenommen, bestätigen Sie es möglichst bald schriftlich mit allen Bedingungen. Achten Sie darauf, dass der Angebotsbrief folgende Punkte enthält:

- Berufsbezeichnung, Stellenbeschreibung und Arbeitszeit.
- Jahres- oder Monatsgehalt.
- Zusatzleistungen des Unternehmens.
- Alle Bedingungen, denen das Angebot unterliegt.
- Ein Termin, bis zu dem der künftige Mitarbeiter das schriftliche Stellenangebot unterschreiben und zurückschicken muss, damit die Vereinbarung und die Bedingungen für beide Seiten verbindlich werden.

UMGANG MIT GEGENANGEBOTEN

Hochqualifizierte gesuchte Arbeitskräfte (z. B. in der IT-Branche und auf den Finanzmärkten) können Ihr Angebot gegen das ihrer gegenwärtigen (oder einer anderen) Firma ausspielen, um ihr Gehalt aufzubessern. Wenn Sie Ihr Angebot daraufhin erhöhen, setzen Sie einen Termin für eine endgültige Annahme oder Ablehnung.

DAS GEHALT VERHANDELN

Gehaltsverhandlungen sollten immer erst am Ende des Einstellungsgesprächs stehen. Ihr Ziel ist, den bestmöglichen Bewerber zum geringstmöglichen Preis zu finden – in dieser Reihenfolge. Entwerfen Sie eine Strategie für die Unterbreitung eines Gehaltsangebots und entscheiden Sie, wie Sie im Fall einer Ablehnung handeln. Prüfen Sie, ob das angebotene Gehalt branchenüblich ist. Ist es das nicht, ändern Sie es ab, damit es konkurrenzfähig ist. Denken Sie dabei aber an das Firmenbudget. Prüfen Sie andere Wege, das Angebot attraktiver zu machen. Können Sie mehr Zusatzleistungen statt mehr Geld bieten, etwa einen Firmenwagen oder günstige Kredite? Können Sie eine Gehaltserhöhung nach der Probezeit anbieten oder eine Betriebsrente? Gibt es ein leistungsbezogenes Prämiensystem, an dem der Bewerber rasch teilnimmt?

DIE ANTWORT

Nachdem Sie Ihren Angebotsbrief abgeschickt haben, können Sie in der von Ihnen gesetzten Frist mit einer Antwort Ihres Kandidaten rechnen. Wenn Sie von einer positiven Antwort ausgehen, vereinbaren Sie auch gleich einen Anfangstermin. Wenn Sie jedoch eine schriftliche Ablehnung erhalten, schauen Sie in Ihre Auswahlliste. Gehen Sie ganz individuell mit Bewerbern um, die mit weiteren Forderungen antworten, denn darüber kann man wahrscheinlich reden. Wenn Sie etwa die Forderung nach einem höheren Gehalt statt eines Firmenwagens als annehmbar betrachten, profitieren vielleicht beide Seiten davon.

▼ RASCH SCHREIBEN

Ein neuer Bewerber wird seine jetzige Stelle wohl erst kündigen, wenn Sie den Angebotsbrief geschickt haben. Erledigen Sie das prompt, damit er oder sie die neue Stelle so früh wie möglich antreten kann.

Ein Brief mit Folgen

99 **Nennen Sie einen Termin, zu dem Sie Antwort erwarten.**

MIT ERFOLGLOSEN BEWERBERN UMGEHEN

Benachrichtigen Sie erfolglose Bewerber immer so früh wie möglich, vor allem wenn sie auf der Auswahlliste standen. Wenn sie wissen möchten, warum sie abgelehnt worden sind, sollten Sie ihnen mit einer konstruktiven Antwort helfen.

100 Versetzen Sie sich im Fall einer Absage in die Lage des Empfängers.

NICHT VERGESSEN

- Die Wirtschaft ändert sich, und der Abgelehnte von gestern kann der Star von morgen sein.
- Abgelehnte Bewerber können sich für andere freie Stellen im Unternehmen eignen.
- Man sollte einem abgelehnten Bewerber mitteilen, wenn man seine Unterlagen an eine andere Person oder Abteilung weitergibt.
- Die Angaben eines Bewerbers sind vertraulich, auch wenn er bereits abgelehnt wurde.
- Jeder erhält im Leben Absagen, aber Sie sollten so freundlich und positiv wie möglich sein, wenn Sie die Nachricht übermitteln.

SCHRIFTLICHE ABSAGE

Es ist eine Sache der Höflichkeit, jedem abgelehnten Bewerber zu schreiben und ihm Ihre Entscheidung mitzuteilen. Seien Sie höflich und knapp, danken Sie allen für ihr Interesse und erklären Sie allgemein, warum ihre Bewerbung erfolglos war. Die Zahl der betroffenen Bewerber wird in diesem späten Einstellungsstadium nicht sehr groß sein, schreiben Sie daher möglichst individuelle Briefe.

ABSAGEBRIEF SCHREIBEN ▶

Wird versäumt, einem erfolglosen Bewerber möglichst schnell eine höfliche Benachrichtigung zu schicken, macht das für das Unternehmen einen schlechten Eindruck.

Sehr geehrte Frau Müller,

vielen Dank für Ihre Teilnahme an dem Einstellungsgespräch am 18. Januar für die Position des Verkaufsleiters bei TRC.

Ich bedauere, Ihnen die Stelle in diesem Fall nicht anbieten zu können. Wir haben sehr viele Zuschriften auf unsere Anzeige erhalten, darunter einige hochqualifizierte Bewerbungen. Wir waren zwar von Ihren Sprachkenntnissen sehr angetan, erachten aber Ihre fehlenden technischen Kenntnisse als Nachteil.

Mit Ihrer Zustimmung nehmen wir Ihre Unterlagen für künftige Fälle zu unseren Akten.

Mit freundlichen Grüßen
Doris Fischer
Personalleiterin

Dankt Bewerberin für ihr Kommen

Formuliert Absage offen

Nennt triftigen Grund für die Absage

Fragt, ob Unterlagen zu den Akten genommen werden können

UNTERLAGEN ZU DEN AKTEN

Wenn die Prüfung positiv ausgefallen ist, nehmen Sie die Unterlagen aller in Frage kommenden Bewerber zu den Akten. Sollten Sie bereits eine Datenbank mit Bewerbern haben, aktualisieren Sie sie nach Ihren Gesprächen. Machen Sie Ihre Kollegen gegebenenfalls auf besonders vielversprechende Bewerber aufmerksam, die Sie abgelehnt haben – das kann eine kostengünstige Art sein, eine andere freie Stelle zu besetzen.

101 **Führen Sie neue Mitarbeiter herum, und stellen Sie sie allen vor.**

KULTURELLE UNTERSCHIEDE

In Nordamerika ist es üblich, erfolglosen Bewerbern ziemlich schonungslos und offen abzusagen, da Scheitern als ein Schritt zum Erfolg betrachtet wird. In Japan dagegen ist eine Absage im Ton und in der Wortwahl immer sehr zurückhaltend, um den Bewerber nicht zu verletzen.

ANFRAGEN BEANTWORTEN

Wenn Sie Anfragen von abgelehnten Bewerbern erhalten, die wissen möchten, warum man ihnen abgesagt hat, nennen Sie immer einen Grund. Weichen Sie nicht aus, und vertrösten Sie sie nicht mit dem Angebot zurückzurufen. Seien Sie ehrlich, denn jeder Hinweis, den Sie ihnen geben können, kann bei ihrer nächsten Bewerbung von Nutzen sein. Wenn jemand beim ersten Mal einen unordentlichen Eindruck auf Sie gemacht hat, sprechen Sie das aus, aber mit höflichen Worten: »Ihr Äußeres könnte etwas mehr Beachtung vertragen« ist weniger kränkend als »Sie sehen schlampig aus«.

MIT ABGELEHNTEN BEWERBERN SCHONEND VERFAHREN

Seien Sie immer höflich und konstruktiv, wenn Sie einem Bewerber schriftlich oder mündlich absagen. Beginnen Sie mit ein, zwei versöhnlichen Sätzen, um den Schlag abzumildern, aber gebrauchen Sie nie fadenscheinige Ausflüchte.

„Ihre schlechten Englischkenntnisse sind ein Nachteil, da wir in Zukunft auf den internationalen Markt gehen.“

„Wir meinen, dass für die Stelle mehr Erfahrung im Marketing nötig ist, als Sie im Moment haben.“

„Sie besitzen gute Fähigkeiten. Wir würden gern mit Ihnen in Kontakt bleiben.“

„Wir haben die Stelle an einen Bewerber mit für uns optimaler Qualifikation vergeben. Sie waren der nächste Kandidat.“

TESTEN SIE SICH

Übung ist die erfolgreichste Art, Ihre Technik bei Einstellungsgesprächen auf- und auszubauen. Erfassen Sie Ihre Fortschritte und Leistungen als Einstellungsexperte, äußern Sie sich zu den folgenden Aussagen und kreuzen Sie die Option an, die Ihrer Erfahrung am nächsten kommt. Seien Sie ehrlich: Wenn Sie »Nie« antworten wollen, kreuzen Sie die 1 an, bei »Immer« die 4. Sehen Sie in der Auswertung nach, wie Sie abgeschnitten haben, und stellen Sie fest, in welchen Bereichen Sie sich verbessern sollten.

OPTIONEN

1 Nie

2 Gelegentlich

3 Oft

4 Immer

1 Ich beurteile erneut die Beschreibung jeder neuen freien Stelle.

1 2 3 4

2 Ich erstelle eine genaue Liste der Anforderungen eines Arbeitsplatzes.

1 2 3 4

3 Ich überlege mir mehrere verschiedene Angebotsverfahren.

1 2 3 4

4 Ich verfasse Anzeigen, die viele geeignete Bewerber ansprechen.

1 2 3 4

5 Ich platziere jedes Stellenangebot im geeignetsten Medium.

1 2 3 4

6 Ich vergleiche jeden Lebenslauf mit dem Anforderungsprofil.

1 2 3 4

7

Ich suche einen geeigneten Raum für die Einstellungsgespräche aus.

1 2 3 4

8

Ich bereite mich vor jedem Einstellungsgespräch gründlich vor.

1 2 3 4

9

Ich weise Kollegen vor Gruppengesprächen genau ein.

1 2 3 4

10

Ich lese Lebenslauf und Anschreiben vor dem Gespräch noch einmal durch.

1 2 3 4

11

Ich weiß, wie man einen aufgeregten Bewerber beruhigen kann.

1 2 3 4

12

Ich beherrsche den Verlauf eines Einstellungsgesprächs sicher.

1 2 3 4

13

Ich achte darauf, die vom Bewerber angegebenen Kenntnisse zu überprüfen.

1 2 3 4

14

Ich bitte jeden Bewerber, Lücken zwischen zwei Anstellungen zu erklären.

1 2 3 4

15

Ich ermuntere jeden Bewerber, über frühere Erfahrungen zu reden.

1 2 3 4

16

Ich kann das Selbstbewusstsein eines ängstlichen Bewerbers aufbauen.

1 2 3 4

17 Ich untersuche die Stärken und Schwächen jedes Bewerbers.

1 2 3 4

18 Ich vermittle jedem Bewerber ein positives Bild vom Unternehmen.

1 2 3 4

19 Ich frage jeden Bewerber, wie er glaubt, der Firma nützen zu können.

1 2 3 4

20 Ich höre dem Bewerber mehr zu, statt selbst zu sprechen.

1 2 3 4

21 Ich bin gegenüber dem, was ein Bewerber sagt, vorurteilslos.

1 2 3 4

22 Ich begegne jedem Bewerber höflich und zeige Interesse für seine Ansichten.

1 2 3 4

23 Ich prüfe, ob ein Bewerber in das Unternehmen passt.

1 2 3 4

24 Ich führe Tests durch, um festzustellen, ob ein Bewerber sich eignet.

1 2 3 4

25 Ich erhalte zusätzliche Eindrücke durch die Körpersprache der Bewerber.

1 2 3 4

26 Ich bin das ganze Gespräch hindurch aufmerksam und interessiert.

1 2 3 4

27 Ich mache mir nach jedem Gespräch Notizen über meine ersten Eindrücke.

1 2 3 4

28 Ich hole andere Meinungen über alle Bewerber der Auswahlliste ein.

1 2 3 4

29 Ich stelle fest, wann ein Bewerber anfangen kann.

1 2 3 4

30 Ich verhandle zügig über das Gehalt und Zusatzleistungen.

1 2 3 4

31 Ich verschicke die Absagen umgehend an die erfolglosen Bewerber.

1 2 3 4

32 Ich wahre jederzeit Vertraulichkeit.

1 2 3 4

AUSWERTUNG

Wenn Sie den Test beendet haben, addieren Sie die Punkte, und lesen Sie in der Bewertung nach, wie Sie abgeschnitten haben. Ganz ega,l wie gut Ihr Ergebnis ist, Sie sollten daran denken, dass immer Möglichkeiten zur Verbesserung bestehen. Erkennen Sie Ihre Schwachstellen und gehen Sie noch einmal die Abschnitte durch, in denen Sie praktische Ratschläge und Anregungen zur Aneignung und Verfeinerung von Kommunikations- und Beurteilungsfähigkeiten finden.

32–64 Sie müssen sich erheblich verbessern. Lernen Sie aus Ihren Fehlern und bereiten Sie sich gut auf Einstellungsgespräche vor.

65–95 Sie stellen sich bei Einstellungsgesprächen recht geschickt an, manches könnte jedoch noch verbessert werden.

96–128 Ihre Einstellungsgespräche sind erfolgreich. Arbeiten Sie weiter an Ihrem Stil.

REGISTER

DANK

DANK DES AUTORS

Bei der Entstehung dieses Buchs brachten viele Menschen ihr Wissen ein. Besonders erwähnen möchte ich die Redaktion von Dorling Kindersley und meine Assistentin Jane Williams.

BILDNACHWEIS

Der Verlag dankt Tony Stone Images für die Genehmigung zum Abdruck der Fotos auf den Seiten 4–5, Seite 9 oben rechts und Seite 39 unten rechts.

BIOGRAFIE DES AUTORS

Der Wirtschaftsjournalist **Tim Hindle** gründete »Working Words«, eine Beratungsfirma mit Sitz in London, die sich auf Unternehmenskommunikation und Marketing spezialisiert hat. Seit 1979 schreibt er für die Zeitschrift *The Economist*, von 1994 bis 1996 war er Herausgeber von *EuroBusiness*. Tim Hindle ist Autor und Mitherausgeber mehrerer Bücher. Bei Dorling Kindersley liegen von ihm in der Reihe *Basiswissen Fit im Job* folgende Titel vor: *Erfolgreich verhandeln*, *Stress reduzieren* und *Zeitmanagement*.